KB071649

Sucess or Failure?
Case of Environmental Law in Korea

환경법의
성공과 실패

홍준형 지음

한울
아카데미

이 책은 2021년도 서울대학교 한국행정연구소 연구총서로 발간되었음

머리말

환경법은 성공하고 있는가? 우리의 의문은 우리가 사는 환경과 생태계의 사정이 나아지고 있는가라는 매우 평범한, 결코 대단치 않은 의심으로부터 시작된다. 보통사람의 눈으로는 도저히 감당조차 어려운 방대한 규모와 복잡성·전문성을 띤 환경법은 환경을 개선하고 있는지, 건강하고 쾌적한 삶의 환경을 더 낫게 만드는 것까지는 바라지 않을지라도 그저 현상을 유지하거나 적어도 더 나쁘게 만들지 않는 효험을 발휘하고 있는지 의심을 떨칠 수 없기 때문이다. 전례 없는 한파와 홍수, 산불이 끊이지 않고 겨울철이면 어김없이 엄습하는 초미세먼지의 위협 속에 매일 매일을 살아가는 사람들에게는 어쩌면 이유 있는 무지와 의심이다.

환경법은 법의 실패 현상이 두드러지게 나타나는 대표적인 분야이다. 그럼에도 불구하고 환경법은 담당 행정조직과 함께 1990년부터 계속 일종의 '성장산업(growth industry)'으로 약진을 거듭해왔다. 그 과정에서 환경법의 규제실패 또는 집행결함이 드러나 많은 비판을 받기도 했지만 정작 환경법의 무엇이 어떻게 잘못되었고 그 원인이 무엇인지, 혹 그 원인들이 많은 부분 공통성을 띠어 구조화되어 있는 것은 아닌지, 나아가 법을 통한 환경문제 해결 자체에 어떤 한계가 있는 것은 아닌지 등 많은 문제들이 간과되거나 제대로 다루어지지 못했다. 이는 환경법학의 미성숙 탓이지만, 더 근본적으로는 환경법의 규범과 현실의 괴리, 환경정책을 구현하기 위해 만들어진 환경법의 실행과정과 영향, 간섭요인들에 대한, 말하자면 '환경법의 실현'에 대한 학문적 자의식이 결여되어 있기 때문임을 고백하지 않을 수 없다. 환경법 실현에 대한 문제가 제대로 정의되지도 본격적으로 제기되지도 않았기 때문에 그 원인과 결과에 대한 이해도, 문제 해결을 위한 대안이나 정책적 해법도 제대로 도출될 수 없었다. 한국 환경법의 정체성 규명, 환경법 발전과 성과에 대한 비판적 분석과 평가 역시 피상적 회고 외에는 제대로 이루어지지 못했다.

이 책은 이러한 현실 인식을 배경으로 환경법이 정작 환경문제 해결에 실제로 기여하고 있는지, 문제점과 해결방안은 무엇인지를 법정책학적 관점에서 밝혀보고자 한다. 그동안 약진해온 한국 환경법의 성과를 그 정책목표와 정책수단, 법규범과 현실의 괴리 등을 통해 진단하고 환경법의 성공과 실패를 가르는 요인은 무엇인지, 환경법 실패의 원인, 환경법의 성공을 위한 조건과 과제를 제시하고자 한다.

2022년 1월

홍준형

차례

제1장
정책과 법, 그 성공과 실패

Sucess or Failure?
Case of Environmental Law in Korea

1. 정책의 성공과 실패

정책학의 기여

정책학 분야에서 정책의 성공과 실패에 관한 연구는 2010년대까지는 드물게, 간헐적으로만 이루어져 왔지만 비교적 최근에야비로소 본격화되기 시작했다. 물론 문제의 중요성에 대한 인식이희박했던 것은 아니며 오히려 그 어느 때보다도 더욱 고조되어온것이 사실이다. 당파정치(partisan politics)에 식상한 시민들은 언론미디어와 더불어 인터넷의 발달과 사실, 주장 및 정책 관련 정보에대한 급속한 접근성 확대에 힘입어 전례 없는 수준으로 정책에 대한비판과 판단을 할 수 있게 되었기 때문이다. 그리하여 이 시기 정책성공 연구에서 선도적 역할을 해온 맥코넬(McConnell)은, 정책의 성공은 '이야기는 많지만 정작 연구는 거의 이루어지지 않은(much talked about but rarely studied)' 이슈라고 말할 수 있었다(McConnell, 2010b). 특히 정책의 실패에 관한 연구에 비해 정책의 성공 자체를 다룬 연구는 극히 드물었다고 한다(McConnell, 2010b: 17ff.).

한편 정책 실패의 지속성은 정책학 문헌에서 인정된, 그러나 잘 이해된 현상은 아니라고 한다. 기존의 연구들은 최근 대부분의 문헌들이 문제의 개념화와 여러 유형의 실패들의 차이를 밝히는 데 집중할 뿐 정책 실패의 지속성에 대한 제한된 통찰만을 제공하고 있을 뿐이다. 특히 반복된 실패를 초래하는 원인들을 체계적으로 검토한 연구는 훨씬 더 적다고 한다(Howlett/Ramesh/Wu, 2015).

국내의 문헌들도 그런 경향에서 크게 벗어나지 않는다. 정책의 성공보다는 정책 실패, 그것도 주로 정책 실패 요인에 초점을 맞춘 연구들이 대부분이다. 실례로 행정학계의 정책 실패 연구경향을 분석한 한 논문에 따르면,[1] 이론적 연구에 비해 실증적 정책효과 분석 혹은 정책 성공 처방 연구가, 양적 연구에 비해 질적 연구가 상대적으로 많고, 특히 사례연구가 많다고 한다.[2]

정책 실패의 개념

정책을 정책문제 해결을 위한 정책목표의 수립과 실현 활동으로 본다면, 정책 실패란 그 의도된 정책목표를 달성하지 못한 상태라고 말할 수 있을 것이다. 정책학 분야에서의 개념 정의도 대동소이하다.

사실 정책 실패의 정의를 정면에서 다룬 문헌은 드물지만, 대체로 목표달성 실패, 파생된 외부효과, 집행 실패 등으로 보고 있고 특히 정책집행의 실패에 초점을 맞추는 경우도 적지 않다.

　반면 정책은 복잡성, 모호성, 불확실성을 떨쳐내기 어렵고, 동시에 정치적 대상이기 때문에 정책의 전 과정에서 오차를 내포하는 것은 거의 불가피하여 오차를 수정하지 않으면 정책은 실패하게 된다는 관점에서 오차수정의 실패를 정책 실패라고 주장하거나(김영평, 2012) 정책 실패를 근본적으로 계획(plan)에서 의도한 결과(intended outcome)와 실제 결과의 차이를 나타내는 개념 또는 '정책이 현저하게 의도한 결과를 달성하지 못하거나 의도하지 않은 부정적인 결과가 발생한 상태'으로 파악하는 관점도 눈에 띈다.

　한편 정책 실패에 대한 접근방식을 정책을 이해하는 근본적 패러다임에 기인하는 것으로 보고, 이를 합리주의적 사고를 기반으로 의도된 정책목표를 달성하지 못한 경우를 정책 실패로 보는 합리주의적 접근, 정치적인 관점에서 정책을 가치배분의 문제로 인식하고, 가치배분의 실패를 정책 실패로 보는 정치적 접근, 그리고 환경복잡성을 고려하여 정책이 변화하는 환경에 적응하지 못할 때 정책 실패가 발생한다고 보는 환경복잡성 접근 등 세 가지로 분류하여 논평하기도 한다(고길곤 외, 2015: 132~136).

　결론적으로 정책 실패의 개념은 위에서 살펴본 바와 같이 뉘앙스가 없지는 않지만, 대체로 "정부가 정책문제를 해결하기 위하여 정책을 입안하고 집행했으나 의도한 목적을 달성하지 못한 상태"
라고 파악하는 것이 지배적이라고 보아도 무방할 것이다.[3]

위와 같이 사전에 '의도한' 정책목표가 사후에 얼마나 달성되었
는지를 측정하여 정책 실패를 판단하는 '합리주의적 접근'에 입각
한 개념 정의는 자칫 주관적 해석의 여지를 남기거나 사후적·결과
중심적인 시각으로 말미암아 사전 계획의 상황이나 의도를 충실
히 반영하기 어렵다는 한계를 지닌다는 비판을 받는다. 실제로 어
떤 정책은 의도한 목표는 달성했지만 정책집행과정의 문제나 다
른 정책과의 관계 등으로 인하여 실패로 평가받기도 했고, 또 의도
한 목표를 달성하지 못했지만 당초 예견하지 못했던 긍정적인 파
급효과가 사후에 나타나서 성공한 정책으로 재해석되기도 했다고
한다(한동효, 2010). 심지어 정책의 효과성이 낮게 평가된 때에는
그 원인을 분석하기보다 정책의사결정자에게 사후적으로 책임을
전가하거나 정책을 폐기 또는 수정하려고 하는 경향마저 나타났
다고 한다(고길곤 외, 2015: 133). 이러한 정의들은 정책과정 참여자
들 간의 상호작용에 의해 발생하는 정치적 이해관계 문제를 과도
하게 단순화하는 오류를 범할 가능성을 높이며, 정책 실패를 둘러
싼 환경의 복잡성을 적절히 고려하지 못한다는 데 한계가 있을 뿐
만 아니라 불확실성 속에 정책을 계획·집행하는 측면도 있는 현
실을 간과하고 정책 실패를 편협하게 해석하는 위험한 결과를 초
래한다고 지적한다(고길곤 외, 같은 곳). 또한 정책 실패가 "이분적

인 개념이라기보다는 연속적인 개념이고 양의 개념뿐만 아니라 질의 개념으로 평가될 수 있고 단일차원의 개념이라기보다는 다차원적인 개념"(노시평 외, 2006: 347~348; 안병철·이계만, 2009: 6)이라는 주장들은 정책 실패의 다차원성을 반영하며, 이는 다양한 정책 실패 사례연구에서도 자연스럽게 표출되고 있다고 한다(고길곤 외, 2015: 132).

사실 정책과정은 통상 동태적인 과정이므로 정책 실패와 성공에 대한 판단은 시간과 해당 사회의 문화 및 정치적 판단, 대중의 인식, 분석상의 여러 편의(偏倚, bias)에 따라 주관적일 수밖에 없다(Bovens and M. P. 't Hart, 1996; McConnell, 2010b: 39). 그런 뜻에서 정책 실패의 개념을 '의도된 정책목표'를 준거로 기계적·획일적으로 파악할 수는 없고 '의도된 정책목표의 불발'을 정책 실패의 절대적 개념 징표로 삼는 데에도 유보가 없을 수는 없을 것이다.

하지만 정책목표의 달성 실패 없이 정책 실패를 상정하는 것은 생각하기 힘든 일이다. 의도된 성과나 영향(intended outcomes or impacts)이 항상 공식적으로 표명되거나 적어도 공지되는 것은 아닐지라도(FitzGerald/O'Malley/Ó Broin, 2019), '의도된 정책목표'란 불확실한 상황에서조차도 대부분 정책선언이나 정책문서들을 통해 공식화되거나 현출되기(manifest) 마련이므로 그것을 준거로 정책의 성패를 판단하는 것은 충분히 가능하다.

이와 관련하여 머튼(Robert K. Merton)이 사회적 기능 분석을 위해 사용한 잠재기능(latent function)과 현출기능(또는 선언기능, manifest function)의 구분을 참조할 수 있을 것이다. 머튼은 '사회학에 있어 기능 분석의 준칙화를 향하여'란 부제하에 이 두 가지 기능의 불일치를 설명한다(Merton, 1968: 73 이하). 머튼에 따르면, 사회적 행위의 의식적 동기, 즉 주관적으로 의도된 목적(subjective aim-in-view)과 객관적인 결과(objective consequence)는 상충 또는 상이할 수 있는데, 여기서 '잠재기능'이란 의도되지도 인지되지도 않은, 사전에 예상치 못했던 기능들인 반면, '현출기능'이란 체계의 참여자들에 의해 의도되고 인지된 기능들로서 체계의 조정 또는 적응에 기여하는 객관적인 결과들이다(Merton, 1968: 105, 115~116). 정책목표는 잠재할 수도 있고 그 결과 현출된 정책목표와 상충·상이할 수 있지만, 통상적으로는 그 정책의 정당화나 대중 설득이라는 정치·정책적 목적에 따라 현출되는 경우가 일반적이다.

정책집행과정의 문제나 다른 정책과의 관계 등으로 인하여 실패로 평가받은 경우나 또 의도한 목표를 달성하지 못했지만 당초 예견하지 못했던 긍정적인 파급효과가 사후에 나타나서 성공한 정책으로 재해석되는 경우는 실은 성공과 실패를 가늠하기 어려운 일종의 회색지대에 속하는 범주라고 볼 수 있다. 더욱이 그런 경우조차도 '의도된' 다시 말해 '공식화된' 정책목표는 달성되었지만 정책

집행의 오류 등 다른 요인의 간여로 교란되어 정책효과 발생이 저지된 경우처럼 정치적으로 '정책 실패'라는 낙인을 면치 못하는 경우도 있을 수 있지만, 이를 정책프로그램의 실패라는 의미에서 '정책 실패'라고 볼 수는 없을 것이고, 어디까지나 그 다른 교란요인에 상응한 실패, 가령 정책집행의 실패로 판단될 수 있을 뿐이다(물론 정책집행의 실패 역시 정책 실패의 한 유형이 될 수 있다). 또 정책목표 자체는 달성되지 못했지만 사후에 이르러 당초 예견하지 못한 파급효과로 인해 정책목표가 달성된 것으로 재해석되는 경우조차도 그 정책목표 자체가 달성되지 못했다는 점은 달라지지 않고 다만 결과적으로 재해석되었을 뿐이라고 보아야 할 것이다. 실제로 국내의 거듭된 미세먼지 대책에도 불구하고 정책효과가 나타나지 않았던 터에 코로나19 바이러스(CoVid 19) 창궐에 따른 방역조치 강화와 계절적 요인, 중국의 봉쇄조치 등으로 말미암아 대기질이 개선되고 미세먼지 문제가 완화되었던 사례를 두고 정책 성공을 말하기는 어렵지 않을까?

실제로 환경부는 그간 정체되어 있던 미세먼지 농도가 전국 초미세먼지 농도 2016년 26μg/m³에서 2021년 18μg/m³으로 획기적으로 개선되는 정책효과를 보고하면서 그 원인을 계절관리제, 상시대책 등 국내 정책효과와 더불어 중국의 지속적인 개선추세, 코로나-19 팬데믹의 영향, 그리고 강수량, 풍속 등 양호한 기상조건이 복합작용한 데 있었다고 분석한 바 있다.[4] 이들 원인 중 국내 정책에 힘입은 개선효과를 제외하면 나머지 효과는 모두 외부적 여건 변화나 환경 여건의 변화에 기인한 것으로 볼 수 있다. 따라서 정책의 결과적 성공을 이야기할 수도 있겠지만 그만큼 부분적 성공에 불과한 것으로 볼 수도 있을 것이다.

요컨대, 어떤 정책이 그 제창자들이 성취하고자 설정한 목표를 달성하지 못하면, 그리고 그 정책에 대한 반대가 크거나 지지가 없는 경우 또는 반대가 크고 지지도 미약한 경우, 그 정책은 실패했다고 볼 수 있을 것이다(McConnell, 2010a: 357). 또한 그 정책이 목표는 달성했을지라도 그 실행 과정에서 정당성을 확보하지 못해 실패하는 경우도 정책 실패로 보아야 할 것임은 물론이다. 이와 관련하여 2018년 11월 캠브리지 베넷 공공정책연구소가 실무가, 학자 및 정책 이해관계자들을 초대하여 개최한 심포지엄에서 정책 실패(policy 'failure')에 대한 이해가 널리 공유되고 있다는 사실은 대단히 의미심장한 시사점을 던져준다.[5] 이에 따르면 정책이 발표 당시 천명한 핵심 목표(key goals)를 달성하지 못하거나 의도한 결과를 가져오지 못한 경우, 정책에 대한 반대가 상당히 오랜 기간 일관되게 지속되는 경우, 또는 정책이 정치적으로나 사회에서 그 대상으로 삼는 핵심 이해관계자들 사이에서 시행 초기부터 줄곧 낮은 수준의 지지를 넘지 못하는 경우 그 정책은 실패했다고 볼 수 있다는 것이다(Daddow, 2019: 4~5).

정책은 왜 실패하는 것일까?

그러면 정책은 왜 실패하는 것일까? 다음 진술은 정책 실패의 원인으로 지목되는 요인들을 잘 집약해 보여준다.

정책의 결정자나 집행자는 불확실한 미래를 정확하게 예측하는 것이 어렵기 때문에 정책 실패의 가능성을 염두에 두고 여유자원을 미리 확보하거나, 여러 가지 기능을 혼합하거나, 복수의 정부기관이 사업을 수행토록 하고 있다. 실제 대부분의 정책 실패는 집행자인 공무원의 미숙한 정책관리, 고정관념, 특정 정책에 대한 반감, 이해관계자와의 협상 결여가 원인이라고 한다. 반면에 정책목표가 모호하거나 비현실적이고 절차에 결함이 있거나 집행기관이 과도하게 분산된 경우에도 정책 실패가 야기될 수 있다. 다양한 정책참여자의 관점의 차이와 갈등, 뒤틀린 의사결정과정, 사업지연 등을 정책 실패의 또 다른 원인이다. 물론 정책이 복잡하거나 통제가 불가능한 외부적 변수 때문에 정책 실패가 나타날 수도 있다(라영재, 2014).

국내문헌들은 정책과정의 각 단계별로 분석하여 정책 실패 요인을 도출하려는 경향을 보인다. 가령 정책의제 설정단계에서는 관련 이해집단의 대화 부족 및 의견수렴 미비, 정책결정단계에서는 정책결정자의 리더십과 이해관계자 합의에 의한 정책추진 미흡, 정책집행단계에서는 정책 이해관계자 간 연계 미흡, 정책평가단계에서는 집행과정에서 실패경험 학습으로 유사한 정책상황에서 시행착오를 줄여야 함에도 반복된 실패를 되풀이하는 경우들이 지목되고 있다(안병철·이계만, 2009). 정책 실패는 근본적으로 해결해야 할 문제를 잘못 파악한 정책문제의 인식의 실패에 기인한다는 견해(조선일, 2012)도 있고, 정책집행과정에서 정책행위자들의 상호작용에 따른 정책의 변질, 정책변동에 따른 '정책 어그러짐(policy slippage)'에 대한 체계적 연구 필요성이 제기되기도 한다.

또한 위에서 소개된 바와 같이 정책 실패에 대한 접근방식은 정책을 이해하는 근본적인 패러다임에 기인한다고 보는 관점에 따르면 각각의 접근방식에 따라 그 실패원인도 상이하게 나타난다고 한다. 즉, 합리주의적 접근에 따른 원인분석은 주로 합리적 정책분석의 결함, 합리적 의사결정과정의 문제, 그리고 정책의사결정자의 인지적 한계 등에서 정책 실패 원인을 찾으며, 이와 달리 정치적 접근 방식에서는 이해관계 조정의 실패 문제와 이를 조정하기 위한 제도 및 관리적 기법의 문제를 중요한 실패원인으로 지목하며, 환경복잡성 접근은 환경에 적응하기 위한 노력이 실패한 경우를 다루면서 정책에 내재된 실패의 불가피성을 강조하고 특히 비선형적인 정책 실패 요인 간의 상호작용이 어떻게 일어나고 있는지에 사례분석의 초점을 맞춘다는 것이다(고길곤 외, 2015: 135~136).

한편 환경정책 분야에서는 주로 새만금 간척종합개발사업, 방사성폐기물 처리장 건설사업, 시화호 담수화 등 대규모 국책사업의 실패 원인을 분석한 연구들이 눈에 띈다.[6]

이와 같이 주로 정책 실패 사례연구를 통해 정책의 전 과정을 다각적으로 분석한 국내 문헌목록은 결코 짧지 않다.[7] 그러나 정작 정책의 성공에 대한 이론적 고찰이나 정책의 성공과 실패에 대한 판별기준 등을 다룬 연구는, 정책 성공에 관한 이론적 성찰 없이 특정 정책목표의 달성 여부를 분석한 연구들[8] 외에는 거의 찾아보기 어렵다.[9]

맥코넬이 2010년 '정책 성공에 대한 연구의 빈곤(paucity of literature on policy success)'을 지적하면서 정치학, 사회학, 경영과학, 지리학, 경제학 등 다학문 영역을 넘나드는 학문적 분석의 '신흥분야(burgeoning area)'라고 칭했던 이 분야의 연구 수준은 2018년 11월 캠브리지 베넷 공공정책연구소의 심포지엄(Daddow, 2019)에서도 재확인되듯, 지금까지도 크게 달라진 것으로 보이지는 않는다.[10]

그렇다면 정책 성공이란 무엇인가?

사실 정책의 성공과 실패를 확인하고 정의하는 것은 결코 쉬운 일이 아니다. 과연 무엇이 '성공'이고 무엇이 '실패'인지는 주관적 관점에 따라 달라질 수 있는(perspectival) 문제이기 때문이다. 무엇을 가지고 정책이 성공했다고, 실제로 효과를 냈다고 말할 수 있는지가 오랫동안 논란거리였고(Grant, 2009; Street et al., 2020), '성공'

이란 말 자체가 맥락의존적(context dependent)이고 해석에 따라 달라질 수 있는 개념이라는 것이 중론이었다(Bovens, 't Hart & Peters, 2001; Street et al., 2020). 정책의 성공 역시 실패처럼 사실만이 아니라 인식, 가치 그리고 이해관계의 문제라 할 수 있다(ECPR, 2018). 어떤 정책 또는 기관에 성공이란 명찰을 붙일 수 있는지는 어떤 이해관계자들이 그 과정에 관여하는지 그리고 그들이 가지는 지위에 따라 달라지며, 평가자의 목표, 타이밍 및 시간적 지평(time horizon), 사용된 기준의 선택/비중, 평가가 이루어지는 정치적 맥락, 그리고 그 밖에 문화 등 일정한 범위의 다른 요인들에 의존한다(Bovens and 't Hart, 1996; McConnell, 2010). 또한 정책 성공과 실패의 기준을 정하기가 어렵고, 목표달성도나 정책효과가 대상집단의 이해관계에 따라 달라질 수 있으며, 주관적 만족도와 객관적 효과가 상위할 경우 성패 판단이 어렵다는 지적(정광호, 2005: 29~32)도 같은 맥락이다.

정책의 성공과 실패의 세 가지 차원: 정치, 프로그램, 과정

정책 성공에 관한 가장 종합적·포괄적 접근을 시도한 저서 『정책 성공의 이해(Understanding Policy Success: Rethinking Public Policy)』에서 맥코넬은 정책의 성공과 실패의 세 가지 차원으로 정치, 프로그램 그리고 과정을 구분한다(McConnell, 2010b). 그는 일종의 다차원 절충주의 모델(an eclectic multi-dimensional model)을 통해

표 1-1 **정책 성공의 세 가지 차원**

과정 (Process)	정책 목적과 정책 도구의 유지 정당성 확보 지속가능한 연합의 구축 혁신과 영향의 상징화
프로그램 (Programme)	정책 목표의 충족 소기의 성과 산출 목표집단의 편익 창출 정책 영역(policy domain) 기준의 충족
정치 (Politics)	선거 승산과 정부 및 지도자들의 평판 증진 정책 의제의 통제와 정부 업무의 촉진 거시적 가치와 정부 시정방침의 지지

자료: McConnell, 2010b: 46 table 2.2.

정책의 성공을 '의도된 목표의 달성'처럼 사실로서 강조하는 토대론적(foundationalist) 접근과 성공을 그것을 바라보는 사람들의 주관적인 관점과 가치에 따른 결과 해석의 소산으로 보는 '반토대론적(anti-foundationalist)' 접근 두 가지로 구분한다.[11] 두 가지 관점은 각기 장점이 있고 정책분석은 더 현실적인 틀에서 양자를 병합하기 마련이다. 이에 따라 정책의 성공을 측정하는 세 가지 핵심 준거들이 도출되는데 〈표 1-1〉에서 보는 바와 같이 과정의 성공 (process success)은 정책의 정당성 확보를, 프로그램의 성공 (programme success)은 소망스러운 결과(desired outcomes)의 산출을, 그리고 정치의 성공(political success)은 선거 전망의 유리한 전개를 각각 포함한다.

정책 성공의 준거

어떤 정책이 성공했는지 아니면 실패했는지는 어떻게 알 수 있을까?

정책평가자들은 결코 절대적이지 않은, 객관적인 벤치마킹이나 정확한 측정이 어려운 일종의 '회색지대(grey areas)'에서 활동한다고 해도 틀린 말은 아니다(McConnell, 2010a). 정책들은 정치, 프로그램과 절차를 모두 포함하지만 이 모든 요소들이 동등한 비중으로 다루어지는 것은 아니다(McConnell, 2010b). 정책 성공은 다음에 보는 바와 같이 다양한 차원에서 판단될 수 있기 때문이다.

정책 성공의 여러 차원들(Dimensions of policy success)

1. 정책 성공의 형태: 어떤 형태의 정책 성공을 평가하는가? 과정인가 프로그램인가 아니면 정치적 성공인가?

2. 시간 측면(Timeframe): 평가의 기간을 어떻게 잡을 것인가? 단기, 중기 또는 장기?

3. 이해관계(Interests): 누구의 이해관계와 관련하여 정책 성공을 평가하는가, 예컨대 대상집단, 이해관계자들, 제도, 이익집단, 개인 또는 집단인가?

4. 판단의 준거(Reference points): 정책 성공의 판단기준은 무엇인가? 정책의 의도, 효율성, 효과성 등 정책영역별 기준에 따른 평가인가, 윤리 또는 도덕 원칙에 따른 평가인가, 아니면 또 다른 관

할에 의거한 평가인가?

5. 정보: 정책 성공의 정도를 평가하는 데 충분하고 신뢰성 있는 정보가 존재하는가?

6. 정책 영향의 분리: 어느 정도의 확실성과 신뢰성 수준에서 한 정책의 영향을 그 밖의 정책이나 미디어의 영향 같은 다른 요인들로부터 분리하여 평가할 수 있는가?

7. 갈등과 모호성: 갈등과 모호성이 가지는 의미와 정책 성공에 대한 전체적 판단에서 차지하는 비중을 어떻게 판단해야 하는가? 예컨대,

   - 과정 대 프로그램 대 정치적 성공

   - 단기 대 장기

   - 이해관계 면에서 수익집단 대 부담집단

   - 복수의 준거점 사이의 차이, 예컨대 도덕원리 대 표명된 의도의 차이

   - 정보의 가용성 대 정보의 부족

   - '정책 효과' 분리의 확실성 대 불확실성

   - 하나의 공식적 목표 대 또 다른 공식적 목표

   - 하나의 공식적 목표 대 또 다른 비공식적 목표

   - 공식적 목표 대 비공식적 목표

   - 의도하지 않은 결과 대 실제 발생하거나 의도한 결과

   - 예견가능한 충격 대 예견불가능한 충격

자료: Marsh/McConnell, 2010: 580

이러한 물음에 답하려면 정치적 관점의 차이, 성공과 실패가 혼재된 결과들이 나오는 것을 피하기 어려운 점, 성공인지 실패인지 판단하기 곤란한 모호한 결과, 누구를 위한 성공/실패인가 하는 문제들을 포함하는 복잡한 방법론적 도전들을 헤쳐 나가야 한다. 맥코넬은 정책의 성공과 실패를 이해하기 위한 관건은 그와 같은 도전들을 경시하는 것이 아니라 그 정치적 연계(politicization)와 복합성을 이 혼란스런 공공정책의 세계를 반영하는 것으로 받아들이는 데 있다고 지적한다. 그런 혼란으로부터 통찰력을 얻을 수 있다면 '좋은 정치, 그러나 나쁜 정책', 정책 실패의 끈질긴 지속성, 정책의 성패에 따른 공과 과를 누구에게 돌릴 것이지를 둘러싼 이견들과 같은 현상을 더 잘 이해할 수 있게 된다고 한다(McConnell, 2017).

정책의 성공이나 실패는 의사결정의 품질과 연관되어 있다. 나쁜 의사결정이 성공적인 정책을 낳을 수도 있지만, 궁극적으로 정책의 성패는 의사결정과정의 결과라고 할 수 있다. 정책 성공은 좋은 정책의 결과이고 좋은 정책이란 좋은 결정에서 나오기 마련이며 이것은 다시 좋은 의사결정과정의 결과인 경우가 일반적이기 때문이다(FitzGerald/O'Malley/Ó Broin, 2019).

맥코넬이 제시한 정책 성공의 세 가지 차원에 관한 다차원 절충주의 모델은 정책 성공에 대한 발견법(heuristics)의 준거로서 충분한 유용성을 지닌다. 물론 어떤 정책을 세 가지 차원 모두에서 성공으로 평가되어야 성공이라고 보거나 그렇게 판명된 정책의 결과를 하나의 논리적 준거 또는 완성형으로 삼는 것은 설득력을 가질 수 없을 것이다. 어떤 정책도 과정과 프로그램, 정치, 어느 한 차원만을 지향하거나 반대로 어느 차원들을 포기 또는 소홀히 하지는 않는다. 경우에 따라 신고리 5, 6호기 건설재개 공론화 사례처럼 주로 과정과 이를 통한 정당성 확보에 중점을 두는 정책도 있을 수 있고 뒤에서 살펴볼 다수의 환경정책과 이를 반영한 환경법들처럼 상징 정책-상징입법으로서 정치 차원에 초점을 맞추는 정책도 있을 수 있다. 나아가 정책은 과정과 프로그램, 정치 모든 차원에서 성공할 수도 있고 그 모든 차원에서 또는 그중 일부에서 실패할 수도 있다.

한편 정책이 성공하려면 통상 모든 차원에서 성공적이어야 하는 반면, 정책 실패의 리스크는 전방위적이다. 어느 하나만 잘못해도 정책 전체가 실패의 낙인을 면치 못하는 경우가 많다. 이와 같이 정책의 성공은 정책의 실패 또는 불완전한 성공의 요인들과 연관되는 경우가 일반적이다. 과정이나 정치의 성공 여부는 각각 그 자체로서 정책의 성공여부에 대한 판단으로 귀결되기보다는 평가, 즉 정책의 주된 목표를 달성하지 못했을 때 또는 그 목표를 달성하기는 했지만 불완전한 성공이라는 평가를 내릴 때 그 과정과 정치적 성공을 손상시키거나 저해하는 결과로 이어지는 경우가 더 일반적이다. 맥코넬이 위 세 가지 범주를 정책 실패의 주요 유형으로 구분하는 것도 그와 같은 맥락과 무관하지 않을 것이다(McConnell, 2010b).

정책 프로그램의 성공은 증거기반 정책결정(evidence-based policy

-making) 및 정책 개선에 집중해온 서구 민주주의 권역에서 "중요한 것은 실제로 성과를 내는 것(what matters is what works)"이라고 한 영국의 전 수상인 토니 블레어의 말처럼 성공적 정책과 동의어로 통용되어왔다. 이러한 관점은 정책의 성공 여부는 정치적 이념이 아니라 성과(outcome)와 증거에 의거하여 평가되어야 한다는 것이었다(Davies et al., 2000; Parsons, 2002; Head, 2008; McConnell, 2010b: 45~46).

이와 같이 정책의 성공이란 정책 프로그램의 성공을 빼어놓고서는 성립할 수 없는 개념이다. 정책 성공의 가장 핵심적 준거를 '정책 발표 당시 천명한 핵심 목표(key goals)의 달성 여부', '계획한 결과의 도출(instances of delivery-and-results-as-planned as successes)' 또는 목표('targets' or 'aims')에 맞출 수밖에 없는 이유이다(Bovens & 't Hart, 2016: 654; Begley, Bochel, Bochel, H. et al., 2019). 맥코넬이 말하는 과정의 성공과 정치적 성공이란 결국 그 프로그램 성공의 조건 또는 성공요인으로서 그 의미를 가진다고 볼 수 있다.

맥코넬은 정책의 성공과 실패 사이에는 '완전한 성공', '견고한 성공(durable success)', '상충(相衝)적 성공(conflicted success)', '불안한 성공(precarious success)' 그리고 실패라는 중간적 영역들로 이루어진 일종의 연속성 스펙트럼(a spectrum of more nuanced 'in-between' states)이 존재한다고 지적한다(McConnell, 2010b: 57~63).

사실 정책의 성공과 실패란 100% 성공이나 100% 실패 등 일도양단으로 갈라지기보다는 〈표 1-2〉에서 보듯이 각기 어느 정도의

표 1-2 **정책 성공의 세 가지 차원과 총체적 평가**

단위 정책	'process' success (정책 정당화)	'programme' success (소기의 성과 산출)	'political' success (정치적 성공)	총평
1	○	○	○	완전성공
2	○	○	X	불완전성공
3	X	○	○	불완전성공
4	X	○	X	부분성공
5	○	X	○	부분실패
6	○	X	X	대부분실패
7	X	X	○	대부분실패
8	X	X	X	완전실패

변차 또는 정도를 달리하여 나타날 수 있고 이를 정책 프로그램의 성공 여부를 기준으로 나누어 최종 평가결과를 상정해볼 수 있다.

정책의 성공과 실패 사이에는 다양한 유형들이 존재할 수 있다. 맥코넬이 제시한 세 가지 측면에서의 성공과 실패 역시 일도양단으로 갈라지기보다는 표에서 나타난 바와 같은 변차 또는 정도를 달리하여 나타날 수 있다.

정책의 성공은 〈표 1-3〉에서 보는 바와 같이 '매우 성공'에서 '매우 실패'에 이르는 다양한 스펙트럼이 있을 수 있는데, 이 결과를 위에서 본 맥코넬의 다차원 모델에 반영하고 또한 성공과 실패 사이의 중간적 상태들('in-between' states)과 중합해보면 매우 복잡하고 정교한 정책 성공의 스펙트럼을 구축할 수 있을 것이다. 이를

표 1-3 **정책 성공과 실패의 정도**

성패\정도	매우 성공	대체로 성공	보통	대체로 실패	매우 실패
성공	√				
성공		√			
보통			√		
실패				√	
실패					√

통해 정책의 성공과 실패의 성좌가 매우 다양다기한 변이들로 충만하다는 사실을 확인할 수 있다.

2. 법의 성공과 실패

그렇다면 법의 성공, 그리고 그 실패는 어떻게 보아야 할까? 이 물음에 대한 답을 내리려면 무엇보다도 다음 두 가지 측면에 대한 고려가 선행되어야 한다. 그 하나는 앞서 살펴본 정책의 성공과 실패에 대한 정책학적 논의의 성과를 법에 대해서도 그대로 적용할 수 있느냐 하는 것이다. 다른 하나는 법의 성공과 실패를 판단할 수 있도록 해주는 제도적 틀이 존재하는지, 그리고 그 틀을 어떻게 활용할 수 있는지에 관한 것이다.

첫 번째 문제는 법과 정책의 관계에 대한 정책학적 논의를 통해 따져 볼 수 있다. 일찍이 라스웰(Harold D. Lasswell)과 맥두갈(Myres S. McDougal)은 법에 대한 접근은 단순한 사회적 사실의 기술이 아니라 가치의 이론이므로 주요한 법적 관념들을 민주적 생활의 목표와 핵심적 문제들과 관련 지워 해석해야 한다고 주장한 바 있다(Lasswell and McDougal, 1943: 216). 전통적 법학이 고수해 왔던 법에 대한 기술적-법리적 접근방법(technical-doctrinal approach to law)은, 이를 완전히 폐기할 수는 없을지라도, 대부분 '정책'적 접근방법에 의해 대체되어야 한다는 것이다. 이들은 전통적 법학의 개념정의에 대한 강조와 법규지향적 사고는 '목표중심적 사고(goal thinking)'와 대안적 해결책을 전체 공동체의 행위양식에 대해 미치는 효과에 대한 기능적 고려로 대체해야 하며(McDougal, 1956: 65), 법학이 견지해온 법리들(Legal doctrines)은 그들의 사용자들의 전체 정책에 봉사하는 기능을 지닌 '상징(symbol)'의 역할을 수행할 뿐이라고 역설하면서, 법과 정책, 현행법의 해석론과 입법론의 준별 역시 회피되어야 한다고 주장했다. 맥두갈(1953: 155, 144)은 구체적인 사안에 대한 모든 법규의 적용은, 그것이 관습적 성질을 갖든지 또는 파생적 성질을 갖는지를 불문하고 정책선택의 결정을 필요로 한다고 주장했다. 예컨대 분쟁의 심판기관은 과거의 사법적 경험에서 지침을 찾아낼 수 있지만 늘 그들이 내릴 결정이 공동체의 장래에 미칠 개연적인 영향에 관심을 집중한다는 것이다. 라스웰과 맥두갈의 관점에서는 이와 같은 의사결정과정에 대한 미래지향적 접근이야말로 전통적 법학의 기계적 조작 보다 훨씬 우월한 가치를 갖는 것으로 이해되었다(Bodenheimer, E., 1981: 151). 그러나 이러한 초창기의 인식은 그 이후 정책학에 의해 충분한 진전을 보지 못했다. 정책학은 정책 자체와 씨름하면서 그 결과를 어떻게 법과정에 반영할 것인가에 관해서는, 마치 법학자들의 기여를 기대한 듯, 그다지 관심을 기울이지 않았다. 오랜 세월이 지났지만 법과 정책의 관계에 대한 학문적 논의의 수준이 괄목할 만한 수준으로 개선되거나 발전된 것 같지는 않다. 기존의 법학과 정책학 사이에 상존하는 학문적 공백, 즉 법학과 정책학 간에 오랜 근육운동으로 닳아버린 연골은 여전히 복원을 기다리고 있다.[12]

이러한 초기 정책학자들의 주장에 대해서는 물론 논란의 여지가 없지 않지만, 중요한 것은 법의 성공과 실패에 관해서는 다른 어느 학문 분야보다도 정책학의 기여가 필수불가결하며 동시에 유용하다는 것이다. 정책의 성공과 실패의 개념과 분석 대상과 판단 기준 등에 대한 논의는 종종 한 가지 이상의 단위정책들을 반영하기 마련인 법에 대해서도 그 특성을 고려해야 하겠지만, 기본적으로 타당하다고 볼 수 있다.

어떤 법률을 제정하거나 개정할 때 입법자는 국민에게 그 입법이 추구하는 목표가 언제, 어떤 양상으로 달성될 수 있고 또 그 결과 어떤 결과가 나올 것이라는 약속을 하는 셈이다. 독일 슈파이어 대학의 라이너 피차스(Rainer Pitschas)는 이를 의약품의 효능표기

(Wirkungsanmerkung)에 비유한 바 있다. 법률의 제정 또는 개정의 목적은 통상 법률의 제정·개정이유, 법목적 조항 등을 통해 공식화되고 공표된다.

다른 또 하나의 문제, 즉 법의 성공과 실패를 판단할 수 있도록 해주는 제도적 틀이 존재하고 또 작동하고 있느냐, 그리고 그러한 틀을 어떻게 활용할 수 있느냐 하는 물음과 관련하여 그 대표적인 예로 정부업무평가와 입법평가를 살펴보기로 한다.

정부업무평가(정책평가)

정책의 성공이나 실패는 정책평가(policy evaluation)의 결과로 나타날 수 있다. 그만큼 정책의 성패는 정책평가와 의미 있는 연관을 맺게 된다. 정책평가란 정책목표를 어떻게 얼마나 잘 달성하고 있는가, 어떤 부수효과나 파급효과를 가져왔는가 등을 측정, 평가하여 정책의 종결, 계, 환류 등을 위한 기초자료를 제공하는 일련의 활동이다. 실무상 정책평가란 용어 대신 사용되는 '정부업무평가'와 '정책분석'이란 개념을 살펴보면, '정부업무평가'란 국정운영의 능률성·효과성 및 책임성을 확보하기 위한 정책·사업·업무 등의 평가를 말하며, '정책분석'은 사회적 파급효과가 큰 현안 정책을 사전적으로 심층 분석·평가하고 개선방안을 마련하는 것[13]을 말한다(「정부업무평가기본법」 § 2, § 20, 시행령 § 14). 정책평가는 중앙행정기관·지방자치단체·공공기관 등의 통합적인 성과관리체제의 구

그림 1-1 **정부업무평가의 체계**

평가대상	평가유형	평가부문			근거법률	평가주관
중앙 행정 기관	특정평가 (45개)	일자리·국정과제			정부업무평가법	국무조정실 등
		규제혁신				
		정부혁신				
		정책소통				
	자체평가 (46개) *45+국조실		주요정책		정부업무평가법	국무조정실
		재정 사업	일반재정사업		국가재정법	기획재정부
			R&D평가		연구성과평가법	과학기술정보통신부
			재난안전		재난안전법	행정안전부
			균형발전		국가균형발전법	국가균형발전위원회
		행정 관리 역량	조직		정부업무평가법	행정안전부
			인사			인사혁신처
			정보화			행정안전부
	개별평가				개별근거법률	주관부처
지방 자치 단체	합동평가	25개 기관, 115개 지표			정부업무평가법	행정안전부 등
	자체평가	중앙행정기관과 동일			정부업무평가법	지방자치단체장
	개별평가				개별근거법률	주관부처

자료: 정부업무평가위원회(https://www.evaluation.go.kr/psec/intro/intro_1_1_2.jsp)

축과 자율적인 평가역량의 강화를 통하여 국정운영의 능률성·효
과성 및 책임성을 향상시키는 것을 목적으로 제정된 정부업무평가
기본법에 따라 국무총리 소속 정부업무평가위원회에서 관장한다.
그중 중앙행정기관 평가는 국무총리가 국정을 통합적으로 관리하
기 위하여 주요정책 및 기관역량 등을 평가하는 특정평가와 중앙
행정기관이 주요정책, 재정사업, R&D사업, 행정관리역량(조직·인
사 등)에 대하여 자체적으로 평가하는 자체평가로 구성된다. 정부

표 1-4 **2020년 자체평가 체계(주요정책 부문)**

평가항목	평가지표	측정방법(측정기준)
정책형성 (20점)	정책목표 및 수단의 적절성	정책목표 및 수단의 구체성·적절성
	분석·의견수렴 충실성	성과관리 시행 계획 및 정책계획 수립 시 관련 통계, 사례 조사 및 전문가 의견수렴 여부
정책집행 (20점)	추진일정의 적절성 및 충실성	추진일정의 구체성·적절성 및 추진 일정 준수 여부
	상황변화 대응성	모니터링 실시여부 및 정책여건 변화에 따른 대응여부
	국민·관계기관 등과의 소통·협업 노력	유관기관과의 협업 및 유관기관·국민·이행관계자와의 연계·소통 노력
	기관장의 성과창출 노력	기관장의 정책목표 달성의지와 노력
정책성과 (60점)	성과지표 달성도	성과지표 목표치의 적극성 및 목표 달성여부
	정책 효과 발생 여부	정책효과 발생여부 및 상위목표 달성에 기여한 정도
가감점 (±3)	주요 정부 시책 기여	국정과제, 정부업무평가(특정평가, 정부혁신) 등에 대한 기여도

업무평가의 체계는 〈그림 1-1〉에서 보는 바와 같다.

그중 자체평가는 정책활동 단계, 즉 '정책형성 → 정책집행 → 정책성과'에 따라 3개 항목, 8개 지표 및 가감점으로 평가하도록 되어 있다.

정부업무평가의 일환으로 시행되는 정책평가는 집행된 정책이 당초의 정책목표를 달성했는지 여부를 평가하여 적절한 정책대안을 제시하는 데 목적이 있지만, 사후적 입법평가는 대상 법률의 시행을 위해 추진된 모든 정책을 종합적으로 분석하여 당초의 입법목적을 달성했는지 여부를 평가하고 입법적 대안을 제시하는 것이라는 점에서 차이가 있다(정준화, 2020).

정부업무평가는 정책의 성과에 관하여 많은 것을 말해주지만 정작 가장 핵심적인 정책의 목표 달성여부, 즉 정책의 성공과 실패를 평가해주지는 않는다. 특히 정부업무평가는 비교적 측정이 용이한 변수들을 바구니에 모아 단순히 점수를 합산하는 방식으로 평가기준의 선정과 비중 차별화와 같이 방법론적으로 복잡하고 정치적으로 부담스러운 문제들을 비껴나가는 방편으로 사용되는 경향을 부인하기 어렵다(Goderis, 2015).

입법평가

현대국가가 수행해야 할 임무와 과제가 팽창함에 따라 정책수단으로서 입법이 가지는 중요성도 더욱 더 증대되어왔다. 반면 의회 입법권자는 일단 입법과정을 통해 법률을 제정하거나 개정하는 것으로 일단락되고, 그 이후에는 국정감사나 그 밖의 정책통제의 일환으로 거론되는 경우를 제외하고는, 대체로 법률의 집행이나 성과 측면에 별 관심을 기울이지 않는 경향이 있다. 현대 입헌민주국가의 권력분립적 분업체계에 따르면 법률의 집행은 의회의 국정통제기능에 의해 문제되는 경우 외에는 행정부의 소관으로 이해되었다. 또 일단 제정되거나 개정된 법률은 입법과정에서 충분한 검토를 거쳤다는 이유에서 특별한 사정이 없는 한 성공적으로 잘 집행될 것으로 사실상 추정되었다. 그런 배경에서 법률의 집행이나 사회적 영향, 성패 등은, 법률의 제·개정이 명백한 실패로 귀결되었다고 인지되는 극히 예외적인 경우를 제외하고는 그다지 큰 관심사가 될 수 없었고 따라서 의회입법권자의 애프터서비스는 처음부터 문제가 되지 않았다. 그런 뜻에서 입법권자는 입법의 성과평가로부터 상대적으로 자유로웠다고 할 수 있었다.

그러나 오늘날, 입법은 이제 더 이상 돈 안 드는 탁상작업만은 아니다. 오히려 입법권자는 정책토론이나 입법변론을 통하여 자신이 추진하는 입법의 소요비용과 기대효과, 성과의 측정 및 평가방법을 국민에게 제시, 약속하고 결과에 책임을 져야 한다. 그런 맥락에서 구미 선진국들을 중심으로 비교적 일찍부터 입법평가가 법제화되기 시작했고, 그와 함께 입법학 분야에서의 관심과 연구성과도 계속 축적되어왔다.[14] 그러나 우리나라의 경우 최근 일부 학자나 실무계에서의 연구를 제외하고는 그다지 특별한 관심을 기울이지 않았다. 다행히도 최근에 이르러 입법학의 연구방법론이 어느 정도 구체화되면서 이 문제에 대한 학문적 관심이 높아지고 있다. 특히 입법평가에 관한 비교법제도적 연구는 어느 정도 축적되어 있다. 그러나 기존의 연구는 주로 구미 선진국들이 도입, 운영해온 입법평가, 법률비용추계, 입법영향평가 등의 법제도를 비교하는 데 중점을 두었기 때문에, 입법영향평가제도를 우리나라에 어떻게 도입할 것인지에 관한 법정책적 연구는 상대적으로 드물었다.

　법률을 제정하거나 개정할 때 입법자는 국민에게 그 입법이 추구하는 목표가 언제, 어떤 양상으로 달성될 수 있고 또 그 결과 어떤 결과가 나올 것이라는 약속을 하는 것이라고 볼 수 있다. 입법자로 하여금 입법안의 작성과 함께 그 목표와 기대효과, 성과측정 지표나 방법 등을 미리 밝히도록 하고, 사후에 일정한 시점에 그 성과를 측정, 평가함으로써 법개정이나 후속입법이 가능하도록 하는 것이 필요하다. 입법평가는 법의 실효성의 관점을 중시하는 법사회학, 비용과 효과의 관점을 중시하는 법경제학의 기법을 입법에 포섭하여 입법행위의 실시, 효과에 관한 과학적 분석을 행하는 것으로 이해된다.[15]

　우리나라에서는 2003년 이후 '입법평가'라는 용어가 널리 쓰이기 시작했고, 특히 이 분야 연구를 주도한 한국법제연구원이 이 용어를 사용하면서, '입법평가'는 입법영향분석을 가리키는 지배적인 학술적, 정책적 용어로 정착하였다고 한다(김준, 2021: 8).
　한편 입법평가와 유사한 용어로 「행정기본법」에 따른 '입법영향분석'이 통용되고 있다. 이는 사후적 입법평가의 개념과 대동소이한

것으로 보인다. 「행정기본법」 제39조는 '행정법제의 개선'이라는 제목 아래 다음과 같이 규정하고 있다:

① 정부는 권한 있는 기관에 의하여 위헌으로 결정되어 법령이 헌법에 위반되거나 법률에 위반되는 것이 명백한 경우 등 대통령령으로 정하는 경우에는 해당 법령을 개선하여야 한다.

② 정부는 행정 분야의 법제도 개선 및 일관된 법 적용 기준 마련 등을 위하여 필요한 경우 대통령령으로 정하는 바에 따라 관계 기관 협의 및 관계 전문가 의견 수렴을 거쳐 개선조치를 할 수 있으며, 이를 위하여 현행 법령에 관한 분석을 실시할 수 있다.

이러한 법률 규정에 의거하여 「행정기본법 시행령」 제17조에 '입법영향분석의 실시'를 규정하고 있다. 이에 따르면 "법제처장은 행정 분야의 법제도 개선을 위하여 필요한 경우에는 법 제39조제2항에 따라 현행 법령을 대상으로 입법의 효과성, 입법이 미치는 각종 영향 등에 관한 체계적인 분석(이하 "입법영향분석"이라 한다)을 실시할 수 있다"(제1항). 입법영향분석의 세부적인 내용은 법령의 규범적 적정성과 실효성 분석, 법령의 효과성 및 효율성 분석, 그리고 그 밖에 법령이 미치는 각종 영향에 관한 분석으로 명시되어 있다(제2항). 여기서 말하는 '입법영향분석' 개념은 "현행 법령을 대상으로 입법의 효과성, 입법이 미치는 각종 영향 등에 관한 체계적인 분석"을 말하며 이는 그동안 국회 입법조사처 등에서 사용해온 '(사후)입법영향분석' 개념과 동일한 것으로 보인다(김준, 2021: 11).

현재 시행되는 환경영향평가, 교통영향평가, 인권영향평가 등과 같은 각종 평가들은 해당 정책의 실현을 위한 법률 준비과정, 입법과정, 시행과정 등에서 입법자가 법률로 규율하고자 하는 분야의 종류와 성격에 따라서 수행되는 일종의 프로그램평가(program evaluation)이다. 이에 비해 입법평가는 각종 영향평가 또는 정책평가를 모두 포괄하는 개념으로 입법을 사전 또는 사후적으로 평가하여 과학적인 입법을 추구함으로써 법률내용과 법적용 결과 간의 관계를 사전적으로 예측하거나 사후적으로 평가하는 입법과정의 한 부분이다. 입법평가는 입법 및 법률에 기초한 행정상 의사결정과 관계를 맺는다는 점에서도 정책분석(Policy Analysis)과도 다르다. 예를 들어 미국의 환경영향평가는 대상사업의 환경에 대한 사실상 영향(impact)을 분석(analysis)하는 것이지만 입법평가는 일종의 행정절차로 입법의 성과(performance)를 평가하는 작업이다(홍준형 외, 2006: 6).

입법평가의 필요성

사회가 복잡해지고 입법부와 행정부를 포함한 정부 성과에 대한 국민들의 기대가 높아지면서 법률에 의해 규율되는 국민들의 생활영역은 넓어지고 있지만 법률의 효과성, 규범성, 수용성은 저하되고 있다는 우려가 높다. 그 원인은 다음 세 가지로 집약된다.

첫째, 입법이 입법자가 의도한 결과를 가져오지 못하는 일이 빈

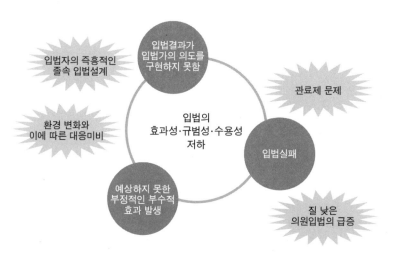

그림 1-2 **입법평가의 필요성**

번하게 발생하며, 둘째, 예상하지 못했던 부정적인 부수적 효과 (negative side effect)가 생기기도 한다.[16] 이런 현상은 입법자가 즉흥적으로 또는 졸속으로 입법설계를 하는 경우에도 발생하지만 환경이 변하여 입법결과가 당초에 입법자들이 입법을 추진하면서 제시했던 정당화 논리와 다른 방향으로 흐르게 되었거나 기대했던 결과와 다르게 나타나게 되어 개정 내지 폐지의 필요성이 높은데도 기득권의 반발에 따른 정치적 부담의 증가 등을 원인으로 방치된 경우에도 일어난다. 이러한 현상은 법률이 종종 개정 논의에 직면하도록 함으로써 법률의 안정성을 떨어뜨린다.

셋째, 투표의 역설(voting paradox),[17] 투표자의 합리적 무지(voter's rational ignorance),[18] 생산기술의 불명확성, 경쟁의 부재, 포획, 관료

이익추구 등 관료제 문제는 국민의 선호를 반영하거나 사회발전을 이끄는 입법보다는 특수이익에 봉사하거나 사회적 혼란을 야기할 수 있는 입법이 이루어질 가능성을 높이고 있다. 또한 사전에 부처 간 조정을 거치지 않은 의원입법이 급증함에 따라 입법실패의 가능성이 높아진다는 우려도 나왔다(정호영, 2004: 39~55)

입법평가는 사전, 병행, 사후 세 가지 유형으로 진행된다. 입법평가의 개념은 보는 관점이나 기준에 따라 다양하게 정의될 수 있으나, 일반적으로 입법(법령 또는 법규)의 필요성, 효과 또는 성과 등을 복합적·다차원적으로 파악하여 분석·평가하는 활동을 총칭하는 것으로 통용되고 있다. 입법평가의 유형은 〈표 1-5〉에서 보는 바와 같이, 평가의 단계(시기)를 기준으로 사전평가, 병행평가 및 사후평가로 구분되는데, 사전평가는 입법의 착수단계에서 입법의 필요성, 예상되는 영향 등을 평가하는 것을 말하며, 우리나라에서 이미 시행되고 있는 각종 영향평가제도들(규제영향평가, 부패영향평가 등)이 이에 해당한다고 볼 수 있다. 또한 국회법에 도입된 법률안비용추계(Cost Estimates on the Bills) 제도[19]는 그 평가대상이 법률안비용으로 제한된 일종의 사전평가에 해당하는 것으로 볼 수 있을 것이다.[20] 병행평가는 법령안 입안 후 법령으로서 효력을 갖기 전의 시점에서 이루어지는 평가이며 법제처의 법령심사가 일종의 병행평가와 유사하다. 사후평가는 법령이 공포되고 시행되는 단계에서 이루어지는 평가를 말하는데, 우리나라의 경우 법제처의 법제정비, 법

표 1-5 **입법평가의 세 가지 유형**

평가 유형	대상	입법과정의 중점 단계	사용용어
사전 평가	규율필요성 분석 및 규율 : 대안 모델에 대한 심사분석	사전적 평가 구상단계(규율 의도, 규율안의 제안)	○ prospective Gesetzes evaluation ○ prospective Gesetzfol genabschätzung(GFA) ○ prospective Rechtswirk ungsforschung(RWF) ○ Wirkungsprognose
병행 평가	효력 최적화, 비용·편익관계 : 지속성, 이해가능성, 집행유용성, 시민 친숙성 등 관점에서의 초안 심사	사전적 평가 초안단계(행정 부제출 법안, 의회 발의법안)	○ begleitende Gesetzes evaluation ○ begleitende Gesetzfol genabschätzung(GFA) ○ begleitende Rechtswirk ungsforschung(RWF) ○ Wirkungsprognose ○ Entwurfdprüfung
사후 평가	법령 목표달성 실증 : 무수정·수정·폐지 또는 신규 제정의 추론	법률의 사후적 평가 법률 적용단계	○ retrospektive Gesetzes evaluation ○ retrospektive Gesetzfol genabschätzung(GFA) ○ retrospektive Rechtswir kungsforschung(RWF) ○ Wirkungskontrolle

령해석이 일종의 사후평가와 유사한 기능을 수행한다.

그러나 대상 범위와 구간을 어떻게 잡느냐에 따라 평가결과가 달라질 뿐만 아니라 보편적인 평가기준에 대한 합의 도출도 어렵기 때문에 입법평가의 제도적 틀을 어떻게 설정할 것인지는 각국의 사정과 여건, 필요에 따라 다양하게 나타나고 있다. 입법평가는 법률이나 법제도의 성과, 즉 시행결과에 관하여 많은 것을 말해주지만 정작 가장 핵심적인 입법목표의 달성여부, 즉 그 성공과 실패를 평가하는 데까지 이르지 못하는 경우도 많다.

3. 환경문제와 법이 만났을 때

환경법은 환경문제 해결을 위한 법적 처방이자 대국민 약속이다. 환경문제 해결을 위하여 동원 또는 투입된 환경법령, 관련 법조항, 그에 따른 법제도(이를 모두 '환경법'으로 총칭한다)들은 과연 성공하고 있을까? 환경법이 성공했는지, 현재 성공하고 있는지 아니면 실패했는지, 현재 실패하고 있는지를 어떻게 확인할 수 있을까?

먼저 환경법의 성공과 실패란 무엇인지 살펴보고 주요 개별 분야별 환경법·제도들의 성패를 진단해보고자 한다.

환경법의 경우

환경법은 어떻게 성공하고 어떻게 실패하는 것일까? 정책학에서 얻은 통찰은 환경법에 대해서도 기본적으로 타당하다. 환경문제 해결을 위한 처방으로서 환경법은 환경정책의 실행수단

(Medium des Umsetzung der Umweltpolitik)이 된다. 환경법은 따라서 통상 하나 이상의 환경정책을 포함하며 그것을 제도로서 지속적으로 구속력 있는 규범으로 구체화하고 또 뒷받침한다. 환경법은 환경정책을 체화하고 그 처방에 법적 구속력을 부여하거나 규범적으로 뒷받침한다. 이 법적 체화(體化)는 환경정책이 제 모습을 드러내고 또 현실에 영향을 미치는 데 없어서는 안 될 필수적 과정이 되었다.

환경법도 법의 한 분야로서 법으로서의 특유성(legally distinctiveness)을 지닌다. 환경문제 해결을 위한 처방으로서 환경법은 일반추상적·규범적 처방이고, 장기적·무기한적 처방이라는 점, 단위 환경정책과 달리 복수의 환경정책을 규범화하여 지속성을 유지한다는 점 등 여러 가지 특성을 보인다. 환경정책은 그 대상집단의 권리·의무 또는 법적 지위에 영향을 끼치는 경우가 많다. 특히 환경규제정책은 대부분이 그렇다. 그런 특성과 효과 때문에 환경정책의 대부분은 법제화과정을 거친다. 규범적으로 그럴 경우 법률에 근거가 필요하다는 법률유보의 원칙이 작동하기 때문에 환경정책은 많은 경우 법제화를 필요로 한다. 법제화된 환경정책과 그렇지 않은 환경정책은 전자의 경우 그 존속이 법제도로 보장되고 그 수정이나 변경이 자유롭지 않게 된다는 점에서 뚜렷이 구별된다. 반면 환경정책이 법에 내장되면(embedded) 그 준수가 법적으로 강제되는 반면, 법제화되지 않은 단위 환경정책에 비해 그 성과나 효과의 측정이 어려워질 수 있다. 물론 법제화가 그 원인은 아니지만, 투입과 산출의 인과관계를 특정하고 한정하는 것이 관건이 된다. 앞서 본 사후적 입법평가를 통해 환경법에 반영된 개개의 환경정책의 효과를 평가하거나 그 전반적인 사회적 효과(social consequence)를 측정, 평가하는 것도 결코 쉬운 일이 아니다. 법령에 반영, 내장된 환경정책들은 설령 그 효과나 성공 여부가 불분명하거나 의문시되는 경우 그 법제도적 특성 때문에 쉽게, 탄력적으로 변경되기 어렵다는 점도 주목해야 할 특성이다.

반면 환경법의 성공과 실패는 환경법 전체에 대해서도 문제되지만 결국 관건은 개별 분야별 환경법들의 성공과 실패를 어떻게 판별하고 또 어떻게 대처해야 하느냐에 있다. 또한 개별 분야별 환경법들의 성공과 실패를 판별한다고는 하지만, 실은 어떤 환경법령 전체를 대상으로 성패를 판별하기보다는 그 법들에 반영된 환경정책이나 환경문제의 해법 중심으로 성패를 판별할 수밖에 없다는 현실적 제약이 따르는 경우가 많다. 실제로 환경법들은 각자 그 목표를 달성하기 위한 다양한 처방 — 환경정책적 결정이나 해법 등을 담고 있는데 반드시 이 모든 요소들을 평가하는 것은 사후적 입법평가의 일상 과제가 될 수는 있어도 그 하나하나를 모두 환경법의 성패를 좌우하는 요인으로 삼을 것은 아니다. 일례로「저탄소녹색성장기본법」과 2022년부터 단계적으로 이를 대체할 예정인「탄소중립·녹색성장기본법」을 비교하는 것은 결코 쉬운 일이 아니다.

마찬가지로 「온실가스 배출권의 할당 및 거래에 관한 법률」의 성공 여부를 판별하는 일도 그 법목적 달성 여부에 초점을 맞춘다면 몰라도 법률 전체를 평가하는 것은 결코 만만한 일이 아니다. 또 대기환경보전법이나 물환경보전법에 담긴 배출부과금제도가 환경정책수단으로서 성공하고 있는지를 판별할 것이지 그 법들에 들어 있는 다양한 법기술적 조항들, 자동차·선박의 배출가스규제 관련조항이나 폐수처리업 관련 조항 등을 문제 삼아야 하는 것은 아니다. 또 1993년 6월 11일 제정된 「환경영향평가법」에서 「환경영향평가법」의 목적을 추려낸다면 그것은 "대규모 개발사업에 있어서의 환경영향을 평가·검토하여 당해 사업으로 인하여 환경에 미치는 해로운 영향을 최소화하도록 사업시행을 유도함으로써 개발과 보전을 합리적으로 조화시키고, 나아가 쾌적한 환경을 유지·조성하는" 환경영향평가제도의 법제화라고 볼 것이지, '기존의 환경정책기본법의 환경영향평가와 관련된 조항을 분리·흡수하여 대폭 개선한 내용으로 따로 단행법으로 제정한 것'을 그 목적이라 말할 수는 없을 것이다.

그런 의미에서 환경법의 성공과 실패는 주로 환경정책의 연장선상에서 그 주된 정책수단의 작동과 관련하여 판별해야 할 문제이지 환경법 텍스트 전체를 대상으로(as a whole) 해야 하는 것은 아니라는 점을 분명히 해두고자 한다.

다음 분야별 환경법의 성패에 관한 논의에 들어가지 전에 먼저 다음 두 가지 문제에 대한 선결적 검토가 필요하다. 한편에서는 환경법의 패러다임을 근본적으로 재검토해야 한다는 목소리가 커지고 있다. 다른 한편 환경법은 '악명 높은' 상징입법의 산지(産地)라는 점에서 그 성공과 실패를 검토해보아야 할 당위성이 다른 어느 분야보다도 크다. 이 두 가지 이슈를 살펴본 후 환경법의 성공과 실패를 탐구하기로 한다.

환경법, 이제 근본적으로 다시 생각해야 할 때

대기, 물, 토지 등 다양한 환경 매체들이 기후변화와 인류세(Anthropocene)의 그 밖의 현실에 어떻게 대처할 것인가라는 험난한 문제와 연관되어 있다는 사실, 따라서 환경법에 변화가 필요하다는 데 대해서는 광범위한 공감대가 존재한다. 라이토스(Jan G. Laitos)는 환경법 패러다임의 근본적 재검토를 역설하면서 다음과 같이 화두를 던진다.

환경법의 이야기는 환경질환과 일련의 법적 대응에 대한 아직도 진행 중인 무용담(saga)이다. 이들 법은 당초 1960년대 후반에 관측된 오염피해를 해결하기 위해 노력했다. 21세기 초까지 환경법은 지구를 바꾸는 기후변화, 지구온난화, 지구시스템의 교란, 그리고 생물종의 멸종을 교정하는 데 초점을 맞춘 레이저로 작동했다. 이 다수의 환경문제들이 발생한 근 50년 이상의 기간 동안 이들 문제를 해결하기 위해 환경'법'을 만드는 데 책임이 있는 장본인들은 여러 가지 입법모델을 가지고 실험을 해왔다. 불행히도 우리의 환경법들을 만든 사람들은 결국 비현실적인 것으로 또는 전적으로 잘못된 것으로 판명된 과학의 관점과 인간관계와 인간-자연의 관계에 대한 가정들을 수용해왔다. 그 결과 환경법들의 이야기는 실망스러운 것이 되어버렸다. 지구는 머지않은 장래에 인류와 다른 많은 생명체들의 진화를 허용해온 환경조건들의 종언을 가져올 수 있는 심각한 결과를 계속 겪고 있다.

라이토스는 그러므로 지금 이 시점이야말로 환경법을 다시 생각해보아야 할 적기라고 단언한다. 그는 인간과 자연의 관계에 관한 기존의 분리주의적 가정들을 논박하면서 환경법이 과거 환경문제 해결을 위해 어떤 역할을 했는지를 검토하고 법이 환경오염과 필수불가결한 환경시스템의 훼손을 성공적으로 예방하지 못한 이유를 묻는다. 전통적인 환경법은 기후위기 시대 자연환경에 대한 실존 위협에 대응하는 데 성공적이지 못했기 때문에 새로운 대안이 필요하다면서 그는 환경법에 있어 과학의 역할을 재설정해야 한다고 강조한다. 과거와 현재의 접근이 대부분 실패한 문제들을 해결해줄 자연의 보편적 법칙에 입각한 새로운 세대의 환경법이 필요하다는 것이다. 새로운 환경법은 규제와 규칙이 아니라 권리와 의무에 의거하는 작동하는 환경법 형성을 위한 새로운 알고리듬으로 연결(connection; entanglement), 단순성(simplicity: 경제), 그리고 균형(symmetry: balance)을 제시한다.

그는 어떻게 방대한 환경법의 체계가 어떻게 재구성되고 또 실질적으로 단순화될 수 있는지를 규명하는 이 작업을 성공적으로 이끌어 나가려면 환경법의 토대를 이루는 전제들을 자연, 그리고 자연 속의 인간들이 어떻게 존재하는지에 대한 현실과 더 잘 부합되도록 재인식할 필요가 있다고 한다. 이들 법칙들은 지구시스템과 자연환경을 지배하는 특정한 근본적 보편법칙들과 모순이 없게 더 잘 조화될 수 있어야 한다. 이들 법칙 중 하나가 보편성의 법칙(Principle of Universality)이다. 이 법칙은 '법'이 보편적이려면 어디서나, 언제나 법에 구속을 받아야 할 모든 대상에 대하여 적용되어야만 한다는 것을 요구한다. 환경법의 대상은 인간들을 둘러싸고 있는 자연환경, 그리고 그 환경에 영향을 끼치는 인간들이다. 보편성의 법칙을 충족시키면서 환경법에 구속을 받아야 하는 모든 것 ―인간과 자연― 에 영향을 미치는 근본적인 법들이 존재할까? 사실 어디서든 어떤 시간대에서든 적용되는 어떤 원칙들은 존재한다. 환경법은 바로 그와 같은 자연의 법칙들(Laws of Nature)과 모순 없이 조화되도록 새로이 정립되어야 한다는 것이다. 그는 과학자들과 평자들, 학자들이 그와 같이 보편성의 법칙을 충족하는 소수의 자연의 법칙들이 존재한다는 데 동의하는 것으로 본다. 그리고 그중 가장 두드러진 요소로 연관성(connectedness), 단순성(경제), 그리고 균형 세 가지를 꼽는다. 정책결정자들이 환경법을 재검토하려 한다면 그들은 '새로운' 환경법이 이들 세 가지 특성을 지녀야 한다는 것을 확실히 해야 한다는 것이다. 연관성, 단순성, 그리고 균형은 자연을 자극하며 환경법이 이와 같은 속성을 보인다면 더욱 성공적일 수 있을 것이라고 한다.

사실 환경법이나 자연자원법 분야에서 대기, 물, 토지 등 다양한 환경매체들이 기후변화 대응과 그 밖에 '인류세(Anthropocene)'의 현실들과 서로 연결되어 있다는 사실을 부정하는 사람들은 없다. 인류가 만든 환경 및 자연자원법이 자연법과 더 잘 조율될 수 있도록 하는 방법이 무엇인지를 균형, 경제 및 연계라는 세 가지 기본 원리들로부터 도출함으로써 라이토스는 이를 통해 기존의 분리에 토대를 둔 접근방식(our current emphasis on separation)의 한계를 극복할 수 있다고 역설한다(Laitos, 2021: 209~212). 그는 환경법 분야에서 논란되는 가장 중요한 이슈들에 속하는 정책 결정에 있어 과학의 역할, 체계 사고, 지구법(Earth Law), 자연의 권리(Rights of Nature) 등을 언급하면서 가장 기본적인 원리, 즉 모든 권리는 의무를 수반한다는 원리를 통해 대안을 모색한다.

환경법, 상징입법의 함정

정책학자들 가운데에는 정책이 체감 가능한 실체적 결과를 가져오는 경우도 있지만 대체로 상징적 성격을 띤다고 보는 견해가 적지 않다. 말하자면 모든 환경정책이 실제 문제를 해결하려는 의도는 아니라는 것이다. 어떤 것들은 그저 말뿐인 경우도 있다. 그런 정책들은 대중, 특히 환경주의자들 같은 핵심 이해관계집단들에게 매우 중요한 환경가치와 목표들을 구현한다. 하지만 그런 주장들은, 설사 대중의 신념이나 조직가치, 그리고 의사결정에 영향을 미침으로써 시간이 지난 뒤 일정한 환경 변화를 가져올 수는 있을지라도, 실제로는 법적으로 형성된 정책과 직접적 관계가 거의 없는 경우도 적지 않다(Bartlett, 1994; Cantrill and Oravec, 1996).

기후변화에 대한 교토의정서가 그 좋은 예로 거론되기도 한다. 의정서 서명 여부는 1990년대 2000년대 서명에 참가한 나라들이 기후변화 이슈에 어떤 입장을 가졌는지를 보여주는 중요한 메시지였고 의정서 채택 그 자체는 세계 각국이 기후변화를 심각하게 여겼다는 사실을 말해주지만, 의정서에 서명했다는 그 사실이 그 나라들이 온실가스 배출에 기여한 정책과 실제에 대하여 실제로 무엇을 했는지를 말해주는 것은 아니었기 때문이다(Harrison and Sundstrom, 2010; Selin and VanDeveer, 2015).

사실 환경법은 형법과 함께 '상징입법(Symbolic Legislation)' 현상이 가장 두드러지게 나타나는 전형적인 분야로 손꼽힌다.[21]

예를 들어 Newig는 독일의 환경법 중 (i) 여름스모그논란(Sommersmogdebatte)에 뒤 이어 신설된 1995년의 오존법 조항들(Ozongesetz §§ 40a~40e, 62a BImSchG 2002), (ii) 1994년의 순환경제·폐기물법에 따른 폐기물발생방지조항(Abfallvermeidungsgebot in § 4 Abs. 1 KrW -/AbfG)의 사례를 분석하여 이들 입법이 상징입법의 성격을 가진다는 사실을 밝힌 바 있다. 우리나라에서도 환경법 분야에서 상징입법이 드물지 않게 나타나고 있다.[22]

환경오염 등 사회문제에 대한 공포나 우려에 대한 응답으로 입법이 행해지지만, 사실 환경오염 등의 문제 해결에는 거의 또는 전혀 효과가 없고 단지 사람들을 진정시킬 의도만 가진 경우, 그런 입법을 통상 '상징입법' 또는 '상징적 법령(symbolic statutes)'이라고 부른다(Siehr, 2005).

상징입법이란 겉과 속이 다른 법, 또는 그런 법을 만드는 것을 말한다. 무슨 동기에서든(보통은 용납할 수 없는 불순한 의도로) 겉만 번지르르한 법을 만들어 대중을 현혹하거나 우롱하는 경우로, 가장 흔한 유형은 정부 또는 정치 지도자들이 자신이 사태를 잘 장악하고 있으니(Situationsbewältigung) 안심해도 좋다는 메시지를 보내기 위한 '안심조장(Eindrucksmanipulation)' 또는 '민심무마'의 의도에서 나온 입법을 말한다.[23]

상징입법이 항상 악은 아니다. 경우에 따라 필요하거나 유용한 경우도 있다. 하지만 상징입법의 폐해는 아무리 강조해도 지나치지 않는다. 상징입법은 입법의 허구성, 허위성, 숨은 의도가 통상 용인되는 수준을 넘어 국민을 심각하게 기만하거나 오도하기 때문이다. 가장 큰 폐해는 기만과 현혹으로 사회문제의 해결을 좌절시킨다는 것이다(Siehr, 2016: 324).

상징입법은 종종 기만이나 위장을 통해 정부가 상황을 잘 장악하여 문제를 해결하고 있다는 허상을 만들어내는 '인상조작'을 통해 '위장된 책임정치'를 연출한다. 때때로 국민들 자신이 이 거시적인 사회적 기만과정에 암묵적으로 동참하기도 한다. 상징입법이 그 현출된 목적과 상반되는 결과를 초래한다면 이는 장기적으로 정책 신뢰의 상실과 법의 규범성 훼손으로 이어질 수 있다. 상징입법에 내재하는 기만의 요소들은 현대 민주주의 국가에서 입법이 표상하는 가치, 즉 주권자의 자치 규율이라는 원리를 왜곡시킨다(Siehr, 2016: 339). 나아가 상징입법은 책임의 실종 또는 방기를 넘어 (이따금 찾아오는) 진정한, 보다 근본적인 절호의 문제해결 기회를 상실시키는 결과로 이어진다. 가습기살균제피해구제법은 정부의 의도 여부와는 상관없이 결과적으로 보면, 피해자구제 문제를 내세워 들끓기 시작한 잠재적 위험, 즉 정부책임론을 무대에서 내리는 데 성공했다. 정부의 책임은 장래를 향해서만 수용되었고 피해자구제 역시 사적 자치, 즉 가해기업과 피해자들 간에 해결한다는 원칙을 전제로 설계되었다.

상징입법의 가장 심각한 폐해는 정치에 대한 뿌리 깊은 불신을 가중시키고 재확인, 공고화시킨다는 데 있다. 겉과 속이 다른 정도가 더 심각한 상징입법들이 많아질수록, '알리바이 정치(politics of alibi)'에 동원되는 입법들이 빈번해질수록, 정부와 정치, 국가에 대한 불신도 그만큼 커질 수밖에 없다. 정부는 미세먼지문제 해결에 투입된 입법조치들의 성과를 강조하지만 대중이 느끼는 체감효과와는 거리가 있다. 천신만고 끝에 성사된 가습기살균제피해구제법은 정작 피해자들에게서조차 평가를 받기는커녕 원성을 사고, 시행 2년도 못 돼 벌써 두 번이나 개정 압박에 시달려야 했다. 상징입법으로 인상조작조차 달성하기 어려운, 규범과 현실의 괴리가 잦을수록 정부신뢰의 점수는 떨어질 수밖에 없다.

맥코넬(McConnell, 2010b: 3~4)이 지적한 '좋은 정치 그러나 나쁜 정책(good politics but bad policy)'의 딜레마는 환경법을 위시한 법 일반에 대해서도 마찬가지로 적용된다. 정치 수준에서는 성공하지만 프로그램 수준에서는 실패하는 정책이 얼마든지 있을 수 있고, 단기적 성공에 목표를 맞추다가 장기적으로는 실패의 리스크를 축

표 1-6 **정책 평가의 두 가지 논리**

평판: 정치적 평가 성과: 프로그램평가	++	-
++	성공	비극(Tragedy)
-	소극(笑劇, Farce)	대실패(Fiasco)

적시키고 마는 정책들도 드물지 않다.

Bovens/'t Hart(2016: 657~658)는 그러한 정책 사례들을 〈표 1-6〉를 통해 정책 평가의 두 가지 논리로서 평판(정치적 평가)과 성과(performance: 프로그램평가)를 성공과 실패 등으로 나누어 설명한다.

그런 경우 정책은 정치적 수사에 지나지 않을까 아니면 더 깊은, 가령 기성의 정책을 정당화하여 기존 정책의 변화를 추구하는 사람들에게 의제설정의 기회를 최소화하려는 의도를 가진 것일까? 이런 질문은 '상징입법'의 주요 원산지가 되어온 환경법에 대해서도 동등하게 제기될 수 있다(홍준형, 2020).

4. 환경법의 성공과 실패, 기준은 무엇인가?

환경법의 성공은 무엇인가? 환경법의 성과는 또 무엇일까? 얼마나 어떤 성과를 거두어야 환경법이 성공했다고 말할 수 있는 것일까?

환경법은 어떤 측면에서 얼마나 준수 또는 실현되어야 성공이라고 부를 수 있을까? 실패는 어떤 측면에서 얼마나 소기의 성과를 거두지 못해야 또는 예기치 않은 부작용·폐단을 초래해야 실패라고 부를 수 있을까?

다른 분야도 그렇지만 환경법에서도 절대적인 의미의 성공과 실패란 있을 수 없다. 환경법을 성공과 실패로 준별하는 것은 그 선악을 준별하는 것만큼이나 어렵고 또 사실상 불가능에 가깝다고 해도 과언이 아니다.

예를 들어 도로교통에서 자동차 최고속도 제한 정책과 이를 반영한 도로교통법 조항의 성과를 생각할 때, 최고속도 제한을 위반한 차량에 대한 범칙금 부과건수나 부과총액을 성과로 볼 수 있을까? 운행차량의 최고속도 제한 준수 여부나 정도, 다시 말해 도로교통에 참여하는 자동차들이 그 속도제한을 잘 준수하여 교통안전성을 확보하고 아울러 배기가스 배출을 일정 수준으로 유지하고 탄소배출을 줄임으로써 대기환경을 보호하거나 기후변화 완화에 기여하는 것이 궁극적인 목표일 것이다. 단기적으로는 운전자들의 속도제한 준수를 확보하는 것, 말하자면 운전자의 안전운행을 확보하는 것이 될 것이다. 반면 일정한 기간 동안의 단속건수나 적발건수는, 특히 여러 가지 애로나 여건의 제약으로 인하여 피규제자의 행태변화를 파악하기 어려운 상황에서는, 법적 규제의 성과를 보여주는 척도가 될 수도 있다.

뒤에서 보게 되겠지만 「폐기물관리법」 제14조 제1항에 따른 쓰레기종량제 역시 생활쓰레기 배출량 감소와 재활용량 증가, 폐기물처리구조의 개선 등 괄목할 만한 성과에도 불구하고 생활쓰레기 발생 자체를 감소하는 데 얼마나 기여했는지는 여전히 불분명한 상황에서 성공을 자축하기는 무리이다.

냉장고와 에어로졸 등에 널리 사용되던 오존 파괴물질 '프레온가스(CFC)'의 사용을 금지한 1987년 몬트리올 의정서가 지구온난화로 인한 기후 재앙을 피하고 이에 대응할 수 있는 시간을 벌어줬다는 분석이 나오기도 했다(Young et. al., 2021).

환경법의 성공과 실패를 판별하기 위한 방법

어떤 환경법이나 환경관련 법제도들이 성공 여부는 그 성과 평가 없이는 판단할 수 없다. 환경법의 성과를 평가한다고 할 때 우리는 어떤 틀과 기준에 의존할 수 있을까? 한편으로는 입법평가의 틀과 기준을 쓸 수도 있고, 다른 한편으로는 정책평가의 그것, 특히 지난 수십 년간 정부가 시행해온 정부업무평가의 방법을 사용할 수도 있을 것이다. 이들 평가방법을 통해 환경법의 성공과 실패가 객관적으로 타당하고 설득력 있게 평가될 수 있는지 검토해볼 필요가 있다.

목표의 도출

하지만 정작 중요한 것은 환경법의 목적이 무엇인지를 알아내는 일이다. 환경법은 일반적으로, 그리고 각각의 개별 분야에서 어떤 목표를 달성하고자 하는지를 알아야 한다. 도대체 목적을 알아야 그 목적에 잘, 제대로 도달하고 있는지를 판단할 수 있지 않겠는가. 중요한 것은 어떤 환경법이나 조항들, 그에 따른 제도들이 달성하고자 하는 가장 주된 목표, 즉 핵심 목표(key goals)가 무엇인지를 밝혀서 그 목표가 제대로 달성되었는지를 확인, 평가하는 데 있다. 전반적인 법적 효과(overall effectiveness)뿐만 아니라 개별 정책도구가 소기의 성과를 내고 있는지를 평가할 수도 있다.

환경법의 성공과 실패를 판별함에 있어 몇 가지 전제들이 요구된다. 우선 환경법이 늘 단일하고 동일한 하나의 목표만을 가진다고 단정할 수는 없다. 목표의 다원성과 상대성, 시간적 제약이 있을 수 있기 때문이다. 환경법이나 환경정책이 복수의 목표를 가진다는 것은 전혀 이상한 일이 아니며, 또 환경법의 목표가 불분명한 경우도 완전히 배제하기는 어렵다(FitzGerald/O'Malley/Ó Broin, 2019).

다음 환경법의 목적을 어떻게 확인할 수 있는지가 문제된다. 환경법 일반, 즉 환경법시스템 자체가 지향하는 목적과 개별 분야별 환경법의 목적을 어떤 방법, 무엇을 통해 찾아낼 것인지가 문제이다.

환경법체계가 실현하고자 하는 목표를 찾아내는 과정에서 환경법의 규범적 특성으로 인한 일정한 제약이 따른다는 점을 고려에 넣어야 한다. 환경정책은 적어도 그 자체로서는 정책목표나 내용, 집행수단 등 모든 면에서 특별한 제약이 없다고 볼 수 있다. 하지만 환경법은 규범의 세계에 존재하면서 사실, 즉 현실에 관여하는 것이기에 규범적 제약을 받지 않을 수 없다. 환경법의 규범적 모체이자 토대를 이루는 것은 무엇보다도 헌법이다. 환경법은 헌법의 울타리 안에서 그리고 헌법에 의해 정당화될 수 있는 범위 내에서만 규범적으로 존속할 수 있기 때문이다. 이 점은 환경법을 환경정책과 완전히 동일시할 수 없는 이유이기도 하다.

반면 환경법은 개별 분야별로 구체화되어 나타난다. 이러한 환경법, 즉 개별 환경법들은 각각 특화된 입법목적이나 법정책적 목표를 가진다. 그러나 이들 목표는 헌법에 기본적 근거를 두어야 하며 또 헌법이 설정한 한계를 준수하지 않으면 정당성과 법규범적 효력을 가질 수 없다. 개별 환경법이나 법조항들은 그 자체의 분야별 목표뿐만 아니라 헌법이 부과하고 있는 환경법의 일반적이고 포괄적인, 법규범적으로는 최고규범인 헌법이 지시하는 고차적인 목표에 부합해야 한다는 이중적인 평가의 대상이 된다.

환경법의 목적은 바로 이와 같은 이중적 차원에서 그 성공과 실패를 판별하는 기본적 척도가 된다. 한편으로는 환경법 일반, 즉 환경법시스템 자체의 목적에 비추어 개별 분야별 환경법이 그러한 목적을 잘, 제대로 실현하고 있는지에 따라 성공과 실패를 판단할 수 있다. 다른 한편에서는 개별 분야별 환경법이 그 특유의 목표를 잘 달성하고 있는지에 따라 성공과 실패를 판단할 수 있다.

환경법 일반, 즉 환경법시스템 자체의 목적은 환경법의 존재이유에서 연역적으로 도출될 수 있지만, 개별 환경법의 목표들을 어떻게 무엇을 통해 확인할 것인지는 그리 간단치 않다. 우선 개별 환경법의 목표는 각각의 법률 서두에 나오는 목적조항을 통해 확인할 수 있다. 예를 들어 「대기환경보전법」 제1조는 "이 법은 대기오염으로 인한 국민건강이나 환경에 관한 위해(危害)를 예방하고 대기환경을 적정하고 지속가능하게 관리·보전하여 모든 국민이 건강하고 쾌적한 환경에서 생활할 수 있게 하는 것을 목적으로 한다"고 규정하고 있는데 이것은 「대기환경보전법」의 공식적인 입법목적이자 법목적이다. 이러한 목적조항을 통해 「대기환경보전법」의 목표를 도출하는 것은 가장 확실한 방법이 될 것이다. 다음으로는 환경관련 법령을 제·개정할 때 제시되는 제정·개정이유에 착안할 수 있다. 그러나 법제처에서 제공하는 이 입법이유만 가지고는 개별 분야별 환경법을 특정하기 곤란하거나 단지 개정대상만을 열거하여 정책목표를 추지하기 어려운 경우가 많다.

일례로 「온실가스 배출권의 할당 및 거래에 관한 법률」, 약칭 배출권거래법(2012.5.14., 제정 2012.11.15. 시행)의 제정이유는 다음에 보는 바와 같이 '배출권할당과 시장거래제도 도입'을 적시할 뿐 그리 구체적이지는 못하다.

"「저탄소녹색성장기본법」에 따라 설정된 국가 온실가스 감축목표를 효율적으로 달성하고 전 세계적인 기후변화 대응 노력에 적극 동참하기 위하여 온실가스를 다량으로 배출하는 업체에 온실가스 배출권을 할당하고 시장을 통해 거래할 수 있도록 하는 제도를 도입하려는 것임."

2020.3.24.의 배출권거래법의 개정이유 역시 거기서 크게 벗어나지 않고 개정 대상만을 적시하고 '운영상 미비점 개선·보완'만을 표명하는 데 그치고 있다.

"국가의 온실가스 감축목표를 효과적으로 달성하기 위하여 온실가스 배출권거래제를 시행하고 있으나, 배출권의 할당, 배출권 예비분의 운용, 배출권 시장조성자 지정 등과 관련하여 현행 제도의 운영상 미비점이 있는바, 이를 개선·보완하려는 것임."

하지만 배출권거래법 제1조는 "이 법은 「기후위기 대응을 위한 탄소중립·녹색성장 기본법」 제25조에 따라 온실가스 배출권을 거래하는 제도를 도입함으로써 시장기능을 활용하여 효과적으로 국가의 온실가스 감축목표를 달성하는 것"을 목적으로 천명하고 있다. 우리는 이로부터 별반 어려움 없이 '온실가스 배출권을 거래하는 제도를 도입함으로써 시장기능을 활용하여 효과적으로 국가의 온실가스 감축목표를 달성하는 것'을 배출권거래법의 목적으로 확인할 수 있다.

환경법의 성패에 대한 판단은 이와 같이 목적조항이나 제·개정이유 등을 통해 확인되는 목표, 그 밖에 개별 환경법 관련조항에 내장된 환경정책의 목표들을 준거로 개별 환경법과 거기 내장된 환경정책의 프로그램 성공에 관한 질문들을 제기하여 그에 대한 답을 구하고, 만일 성공적이지 않다면 그 원인은 무엇인지를 구명하여 대책을 처방하는 순서로 이루어질 수 있다.

환경법의 성패를 가르는 기준

환경법의 성패는 그 결과뿐만 아니라 환경법의 도구들이 제대로 작동하고 있는지, 환경법의 집행·시행과정과 절차도 적정했는지, 나아가 환경법의 시행이 그 궁극적 목적인 환경과 생태계 보호 등에 긍정적인 영향을 미쳤는지 등 훨씬 복합적인 관점에서 판단되어야 한다. 또한 환경법의 성패에 관해서도 미리 정해진, 법공동체 구성원들의 합의에 의해 뒷받침된 보편적인 성공과 실패의 기준을 상정하거나 전제할 수는 없다. 사실 환경법의 성패는 그 대상 집단, 특히 피규제집단의 특성과 이해관계, 정책반응에 따라 상이하게 판단될 수 있다. 환경규제 관련 이해관계자 중에서도 피해자 집단인지, 수혜자 집단인지, 아니면 관심집단 또는 '주의 깊은 관중(attentive audience)'인지 아니면 그저 방관자(bystander) 집단인지에 따라서도 그 평가가 달라질 수 있다.

그러나 앞에서 정책학적 논의를 통해 얻을 수 있었던 통찰을 활용한다면 무엇보다도 개별 환경법이 추구하는 핵심 목표에 초점을 맞추어 그 최대한 객관성을 기하면서 성패를 판단하는 것이 우선되어야 할 것이다.

환경법의 성패를 판가름하는 기준은 개별 환경법의 특성에 따라 달라질 수 있다. 개별 환경법들 중에는 객관적인 환경·생태계의 수준 또는 상태를 목표로 삼고 있어 그 목표를 성과기준이나 지표, 지수 등을 통해 측정할 수 있는 경우도 있고, 특정 행위나 결과의 금지, 발생 저지 또는 예방을 위한 입법, 즉 오염물질 배출로 인한 환경오염이나 환경훼손, 유독물질 누출사고, 생태계 파괴나 손상 행위 등 특정한 범주의 환경유해행위를 금지해야 하는 경우, 환경 범죄의 예방, 억지 및 처벌이 요구되는 경우도 있다. 아울러 인센티브 기반 환경정책을 법제도로 구현하고자 하거나 친환경적 행위 유인 조성을 위한 법제도의 경우에는 그 시행결과를 측정하기 어렵고 측정결과가 나오더라도 그 평가에 있어 인과관계를 한정하기가 곤란한 경우도 있을 수 있다. 또 가습기살균제 피해자 구제나 불산누출사고 피해자의 구제처럼 당면 현안을 처리, 해결해야 하는 경우, 재발방지를 위한 입법조치를 병행해야 하는 경우도 환경법의 성패를 가늠하기가 쉽지 않다.

또한 환경법의 성패는 그 법규범적 특성에 상응하여 사법에 의존한다. 사법은 재판을 통한 법 선언 및 발견 기능 등을 통해 환경법과 관련된 갈등과 분쟁을 해결해줄 뿐만 아니라 환경법의 성패를 좌우하는 결정적인 역할을 수행한다. 사법에 의해 지지될 수 없는 환경법은, 법시스템 차원이든 개별 분야별 환경법 차원이든 성공할 수 없기 때문이다. 환경법은 많은 경우 사법부의 관여로 집행 (enforce)되거나 작동하도록 설계된다. 소위 '재판을 통한 규제(regulation by(through) litigation)'가 그런 예이다. 환경분쟁의 해결에 동원되는 법들, 가령 환경정책기본법에 따른 무과실책임 같은 환경오염 책임의 소재와 책임추궁요건 등에 관한 많은 환경법 조항들, 환경오염의 총량관리를 위한 경제유인적 규제를 제도화한 많은 환경법조항들(그중 배출권거래법에 따른 배출권거래제는 그 극치를 이룬다), 이들은 정책을 수립하거나 집행할 임무를 지는 정부로서는 직접 정책목표 달성을 위한 정책도구를 투입하거나 그로 인한 재정소요를 직접 부담하지 않고서도 수범자나 피규제집단에 속하는 사인이나 기업들이 법에 따른 기대역할을 하거나 상호 작용을 할 수 있도록 해주는 기본적인 게임규칙(rule of game)만을 만들어주고 그 법 준수를 감시하면서 법 위반 시 제재수단들을 예비해놓는 것만으로도 환경정책의 목표 실현을 기대할 수 있다는 이점을 누린다.

실례로 「토양환경보전법」 제10조의3에 따른 토양오염 피해에 대한 무과실책임을 그 전형적인 예로 들 수 있다. 이들 책임 관련 조항들은 그 배후에 있는 정책의 목표들이 사법적으로 구현될 수 있어야만 성공할 수 있기 때문이다.

오염토양 정화의무 불이행과 손해발생

"불법행위로 인한 손해배상청구권은 현실적으로 손해가 발생한 때에 성립하는 것이고, **현실적으로 손해가 발생했는지 여부는 사회통념에 비추어 객관적이고 합리적으로 판단해야 한다**(대법원 2003. 4.8. 선고 2000다53038 판결 등 참조). 만일 이 사건 소송에서 피고들이 이 사건 인접토지와 이 사건 유류저장소에 대한 각 소유권을 취득한 이후 추가로 원고들 소유의 이 사건 토지에 토양오염을 유발한 사실이 인정될 수 있다면, 피고들은 토양환경보전법 제10조의3 제1항에 따른 오염토양 정화의무를 부담한다고 볼 수 있고, **피고들이 이러한 오염토양 정화의무를 이행하지 않음에 따라 원고들로서는 이 사건 토지 소유권을 완전하게 행사하기 위하여 원고들의 비용으로 오염토양을 정화할 수밖에 없게 되었다고 볼 수 있다. 이런 상황이라면 사회통념상 오염토양 정화비용 상당의 손해가 원고들에게 현실적으로 발생한 것으로 볼 수 있다.**"[24]

「토양환경보전법」 제10조의4에서 토양오염의 피해에 대한 법적 책임을 정화책임으로까지 확장하고(물적 확장), 그 책임의 귀속주체를 토양오염의 원인자 외에도 토양오염의 발생 당시 토양오염의 원인이 된 토양오염관리대상시설을 소유·점유 또는 운영하고 있는 자나 토양오염관리대상시설을 양수한 자, 합병·상속 그 밖의 사유로 제1호 및 제2호에 해당되는 자의 권리·의무를 포괄적으로 승계한

자, 민사집행법, 국세징수법 등에 의한 경매나 압류재산 매각으로 해당 시설을 인수한 자 등까지 확장하고 있다(인적 확장). 이것은 모두 토양오염에 대한 법적 책임을 일종의 엄격책임으로 강화시키겠다는 입법자의 환경정책적 의지에 따른 것이라고 이해된다.

요컨대 환경법은 그것이 함유하는 환경정책의 프로그램, 과정과 정치에서도 성공해야 하지만 그에 못지않게 사법적으로도 성공해야만 성공했다고 말할 수 있고 바로 이 점이 정책의 성공으로부터 환경법의 성공을 구별시켜주는 결정적인 요인이다.

소결: 환경과 법이 만난 뒤, 관건은 성공 여부

환경문제가 더 이상 '성장의 부수비용(Nebenkosten des Wachstums)'이 아니라 '생존의 문제'라는 것은 이제 전혀 새로울 게 없는 이야기가 되었다. 이러한 상황인식은 생존의 문제로서 환경문제를 해결해야 한다는 당위로 이어졌고, 날로 악화되는 환경문제에 대처하기 위한 법적 처방으로 환경법이 소환되는 배경이 되었다.

환경문제가 국가의 최우선과제이자 전 지구적 문제로 대두된 이상 법적 대응을 강구하게 된 것은 극히 당연한 일이다. 환경법은 바로 그 법적 대응의 주공(主攻)이다. 환경법은 '법을 통한 환경보호'를 구현하는 환경정책의 틀인 동시에 환경정책의 실행 수단으로 작용한다.

그러나 환경법이 항상 환경정책의 종속변수가 되는 것은 아니다. 마찬가지로 환경정책 역시 늘, 절대적으로 환경법에 의존하거나 법을 통해서만 구현되는 것도 아니다. 가령 가장 중요하고 파급효과가 큰 환경정책을 꼽자면 환경교육 만한 것이 없다. 환경과 생태계에 대한 환경철학과 환경윤리의 요청을 전달하고 지속가능하게 확산시킬 수 있는 방안이기 때문이다. 그 밖에도 정치, 경제, 과학기술, 문화예술, 의료, 심리 등 법과 연결되기도 하지만 법과 상관없이 수행되는 다양한 '법외적 환경정책(extra-legal environmental policy)'을 생각할 수 있다. 그럼에도 불구하고 환경법이 환경정책과 불가분의 밀접한 관계를 맺고 있다는 사실은 변함이 없다. 이것은 다른 법 분야로부터 환경법을 차별화시켜주는 가장 두드러진 특징이기도 하다. 정책과 법의 구별이 늘 논쟁의 대상이 되고 있는 것과는 달리 환경법은 도처에 환경정책을 구현하는 규범들로 가득하다. 환경법을 논하려면 그 배경이 된 환경정책에 대한 이해가 불가결한 까닭이다. 그렇다면 환경정책은 환경법에 어떻게 스며들고 반영되는 것일까.

우선, 환경법의 입법과정 자체가 환경정책의 결정과정인 경우가 대부분이다. 환경정책은 대부분 정부, 즉 국가와 지방자치단체 등 공공의 소관이다. 물론 환경정책은 환경부만의 정책은 아니다. 민간부문 또는 비정부 부문의 환경정책도 존재할 수 있고 또 그것이 현실이기 때문이다. 하지만 통상 환경정책이라 할 때 그것은 공공부문, 특히 정부의 환경정책을 의미하는 것이 일반적이다. 그리고 국가(중앙정부)뿐만 아니라 지방정부(지방자치단체)의 환경정책도 날로 중요성이 커지고 있다. 아울러 환경법과 환경정책의 국제적 발전, 초국가 환경법의 출현도 주목할 필요가 있다. 가령 1992년 이후 끊임없이 발전되어 온 지구환경거버넌스와 이를 구현한 국제환경법의 동향이나 국제환경협약의 국내법 전환, 국내 환경법의 역외적용 문제도 환경법의 문제영역에서 빼 놓을 수 없는 분야들이다.

환경정책이 이처럼 다양한 전개상을 보이고 있지만 환경법과의 관계에서 주종을 이루는 것은 여전히 국가의 환경정책이다. 이러한 의미의 환경정책은 규제정책의 성격이 강하다. 환경규제의 패러다임은 1980년대 이후 환경정책에서 경제적 유인의 중요성이 강조되기 시작하고 1992년 리우선언에서 정점에 도달한 후, 기후변화에 따른 교토 이후 체제(post-Kyoto regime)에서 지배적인 핵심 정책으로 정착, 확립되는 과정을 통해 유인 규제 중심으로 바뀌어 왔다. 환경규제는 경제의 외부효과(externalities), 즉 외부불경제(external diseconomy)를 제거하여 자원배분의 왜곡을 시정하기 위한 사회적 규제의 핵심적인 부분이다. 기업이 그 경제활동으로 발생한 사회적 비용을 국민에게 전가함으로써 사회 전체에 '후생의 상실(Wohlfahrtsverlust)'을 초래하는 것을 막기 위하여 '사회적 비용의 내부화(Internalisierung)'을 달성하고자 한다.[25] 환경규제는 오히

려 환경오염에 의해 발생한 자원배분의 왜곡을 시정하여 시장 기
능을 회복시키려는 것이므로 규제완화보다는 규제실효화의 대상
이 되어야 한다는 것은 당연한 논리이다. 규제완화가 규제의 포기
나 자유방임과 혼동되어서는 안 된다는 점은 환경규제에 대하여
더욱 타당하다.

환경정책의 핵심은 명령통제뿐만 아니라 경제유인 규제까지도
포함하여 인간행동과 사회에 대한 유인화(誘因化, 'incentivization'
또는 disincentivization) 문제로 귀착된다. 어떻게 하면 환경과 생태
계에 대한 인간 행동을 바꾸거나 바람직한 방향으로 유도할 수 있
는가가 환경정책의 핵심 질문이며, 그것을 법을 통해 어떻게 구현
할 것인가가 환경법의 핵심 질문이다.

환경법의 성패는 환경규제를 둘러싼 다양한 이해관계로부터
영향을 받지 않을 수 없다. 환경규제는 일반적으로 명령·금지 등
에 의거한 단속을 수반하므로 이해관계자들은 서로 상반된 목표
를 추구하게 된다. 피규제자는 가급적 규제나 단속을 회피하려
하는 반면 규제기관은 환경법령을 집행함으로써 통제권을 행사
하려 하고, 그 통제의 강도는 상급기관의 구속이 강할수록 높아
진다. 한편 피규제자와 규제기관은 상호의존관계에 놓이게 된다.
즉 피규제자는 규제법규의 일반적 구속력에 따라 규제기관에게
의존하며, 규제기관은 규제를 위한 정보나 자료(가령 배출물질의
양, 성상이나 위험성에 관한 정보·자료)의 획득을 피규제자에게 의존

한다. 규제기관은 배출시설이나 방지시설의 설치허가를 발급받아야 하는 피규제자에 대한 관계에서는 우월한 지위에 서게 된다. 반면 일반적으로 배출허용기준을 초과하는 오염물질의 배출 같은 환경법 위반의 적발이나 입증이 쉽지 않기 때문에 규제기관이 자발적으로 단속에 나서지 않는 한, 이미 환경오염피해가 발생했을 때, 가령 이웃주민이 민원을 제기할 때야 비로소 단속을 하게 되는 애로가 생긴다. 여기에 환경규제법규의 구속력이 피규제자에 대한 관계에서 내면화되지 못한 경우가 많다는 점, 규제기관의 단속이나 측정이 통상 그때그때 특정시점에 행해져서 사실상 장기간에 걸친 불법배출을 규제할 수 없다는 점, 종종 기술적으로 판단하기 곤란한 오염원인 규명이 문제될 경우 전문인력을 동원할 수밖에 없는데, 인력·장비 및 예산상 제약을 받는 규제기관에 비해 (특히 대기업의 경우) 피규제자가 오히려 우월한 능력을 갖는 경우가 적지 않다는 점, 소송지연을 통해 규제효과가 저지될 여지가 있다는 점 등 여러 요인들이 가세함으로써 탈법행위의 여지가 (특히 영세업자나 중소기업보다는 대기업의 경우) 늘어나고 그 결과 법집행이 수포로 돌아감으로써 환경법의 실패로 귀결되는 결과를 빚을 수 있다.

나아가 환경법의 형성 및 집행에서 사법부의 역할과 기여, 영향을 주목할 필요가 있다. 이미 앞에서 지적한 바와 같이 환경법의 사법적 실현 보장은 그 성패의 관건이 되기 때문이다. 일찍이 환경법의 동체는 제정법보다는 판례법을 통해 형성, 발전해왔다는 역사적 사실을 도외시할 수 없다. 그리고 여전히 환경법은 많은 부분 사법부의 법형성에 신세를 지고 있다. 입법자 스스로가 의도적으로 또는 암묵적으로 환경법의 형성·구체화에 대한 사법부의 기여를 염두에 두고 있기도 하다. 환경규제법, 환경책임관련 법령 및 규정들 가운데 재판을 통한 구체화를 예정한 것들이 다수 존재한다. 아예 환경규제를 사법부의 매개로 집행되도록 설계하는 경우도 그런 예이다. 환경법 판례 형성을 통해 환경권 등 환경헌법을 구체화하거나 환경법령의 공백을 메꾸는 경우, 환경법규의 내용을 구체화하거나 수정하는 결과를 가져오는 경우(위헌·위법결정 등)도 드물지 않게 확인할 수 있는 현상이다.

끝으로 강조해야 할 것은 환경법은 끊임없이 환경문제라는 현실에 직면하여 그 성패가 정해진다는 사실이다. 환경법은 뒤에서 살펴보겠지만, 규제 실패 현상이 가장 두드러지게 나타나는 대표적인 분야이다. 환경법이 '현장의 환경법'에 초점을 맞춰야 하는 까닭이다. 환경법은 현실에서 발생하는 환경문제를 해결하는 효과적인 처방이어야 한다. 환경문제를 제대로 해결하지 못하거나 의도한 것과 다른 결과를 초래하고 만다면 그런 환경법은 폐기되거나 수정되어야 한다. 그런 의미에서 환경법은 그 어느 법 분야보다도 법실천의 되먹임(feedback) 과정과 환경입법에 직결되어 생동하는 분야이다. 현장에서 환경법이 본연의 역할과 효능을 제대로 발휘

하고 있는지 늘 관심을 기울임으로써 실천적 진화를 모색해나가야
한다.

1 안병철·이계만, 2009, 「정책 실패에 관한 연구경향 분석」, ≪한국정책과학
   학회보≫(한국정책과학학회) 제13권 제2호, pp.1~19.

2 가령 서울대학교 행정대학원 한국정책지식센터 편, 2015, 『실패한 정책들:
   정책학습의 관점에서』, 박영사가 대표적인 사례이다.

3 Sabatier & Mazmanian, 1979; 안병철, 2002; 김도훈, 2003; 박순애 외 2005;
   채원호·손호중, 2005; 노시평·박희서·박영미, 2006; 안병철·이계만, 2009;
   고길곤, 2012; 고길곤 외, 2015: 130; 허혁·최선미, 2018: 458~459 등.

4 환경부, 2022년 주요업무 추진계획(2022.1.), p.3. https://www.korea.kr/
   news/pressReleaseView.do?newsId= 156491025.

5 이러한 관점에서 영국의 메이(Theresa May) 전 총리의 '치매세(dementia
   tax)'는 그 가장 좋은 사례 중 하나라고 지목되고 있다. 상세한 내용은
   Daddow(2019) 참조.

6 가령 시화호개발사업, 서울시 노원소각장 사례, 방사성폐기물처분장 입지
   선정 실패, 수자원 정책결정의 갈등, 대기환경 정책 실패 사례들의 실패원인
   을 분석하고 전문가 의견조사를 바탕으로 한국환경정책의 성공과 실패 원인
   을 규명하고자 시도한 최연홍·최길수의 연구(2001), 홍욱희(2008) 등이 그
   런 예이다. 또한 방사능폐기물처리장 입지정책을 대상으로 이해당사자들 사
   이의 불신의 구조와 영향을 분석하여 정책 실패 원인의 규명을 시도한 채원
   호·손호중의 연구(2005: 103~129), 시화호 매립사업을 (i) 정확한 사전예측
   의 결여, (ii) 경직된 자기조직화, (iii) 불균형적인 권력관계와 개발논리, (iv)
   정책학습과 피드백(feedback)의 부재로 인한 '환경정책의 진화적 적응의 실
   패'로 집약하면서 적절한 공진화과정을 거치지 못하고 엄청난 요동(fluc-

tuations)을 치면서 걷잡을 수 없이 증폭되다가 궁극적으로 정책 실패(policy failure)라는 새로운 패턴과 질서로 자리 잡은 것이라고 분석한 사득환의 연구(2003: 223~250)도 주목할 만한 연구들이다.

7 예컨대 김순양, 1996, 「사회복지정책 집행의 성공 및 실패요인 고찰」, ≪한국행정논집≫ 8(3), pp.483~512; 김형렬, 1999, 「정책 실패 요인에 관한 고찰」, ≪사회과학논집≫ 30: pp.1~36; 민진, 1999, 「공공정책 실패요인에 관한 연구」, ≪한국행정학보≫ 19(1), pp.243~261; 김종범, 2004, 「정책 실패」, 한국정책학회 추계학술발표논문집, pp.526~541; 김도훈, 2003, 「학습조직과 시스템사고를 중심으로 본 시화호 정책 실패의 원인과 교훈」, ≪한국정책학회보≫ 12(1), pp.299~408; 정광호, 2004, 「교육정책의 실패요인 분석」, 한국행정학회 추계학술대회논문집, pp.29~54; 박순애·이지한, 2005, 「반복된 정책 실패: 방사성폐기물 처분장 입지 정책의 재조명」, ≪환경정책≫ 13(2), pp.63~98; 문명재·이철주·주기완·하연희·곽연륜, 2007, 「대형국책사업 집행실패의 영향요인 분석」, ≪한국정책학회보≫ 16(2), pp.49~89; 한동효, 2010, 「지방자치단체의 정책 실패 요인에 관한 연구」, ≪지방 정부연구≫ 14(3), pp.315~334; 한동효, 2012, 「역대정부의 자치경찰제 도입 실패 요인에 관한 연구」, ≪지방정부연구≫ 16(2), pp.175~199; 고길곤, 2012, 「경전철사업의 사례를 통해 바라본 정책 실패에 대한 새로운 접근」, 서울대학교 한국정책지식센터, 제604회 정책&지식 기획포럼 4; 고길곤·이보라·이주현, 2015, 「종합적 접근으로서의 정책 실패 사례연구: 경전철 사업 사례를 중심으로」, ≪행정논총≫ 제53권 제1호(2015.3), pp.129~163; 조선일, 2012, 「정책 실패와 관료적 책무성- 외환은행 매각사례를 중심으로」, 한국정책지식센터 제614회 정책&지식 기획포럼, 정책 실패와 정책학습의 사이에서.

8 가령 이준구, 2012, 「미국의 감세정책 실험: 과연 경제 살리기에 성공했는가?」, ≪경제논집≫ 제51권 제2호, pp.207~261.

9 예컨대 송하진·김영평(2006); 김영평(2012: 3~14) 등이 그런 예이다.

10 그 밖에도 맥코넬의 *Understanding policy success: Rethinking public*

policy(McConnell, 2010b: 3, 제1장); Howlett, Michael/Ramesh, M/Wu, Xun, 2015, "Understanding the persistence of policy failures: The role of politics, governance and uncertainty", *Public Policy and Administration 2015*, Vol. 30(3~4), pp.209~220, 또한 보벤스 등이 엮어 낸 *Success and Failure in Public Governance: A Comparative Analysis*(Bovens/'t Hart/ Peters, 2001) 등에 소개된 연구동향 자료를 참조.

11 토대론(Foundationalism: 또는 기초주의, 토대주의, 정초주의)은 믿음은 특정의 기본적 믿음으로부터 정당화된다는 견해, 즉 정당화된 믿음이나 건전한 전제로부터 추론된 결론같이 확실한 기초에 의존하는 인식론을 말한다. 토대주의에 대립되는 개념은 정합론(Coherentism)이다. 다른 선택지가 순환 논증이거나 무한 후퇴라는 것을 확인한 아리스토텔레스는 명백한 선택지는 다른 것들을 지지하는 기본적 믿음을 제시하는 토대주의라는 것을 발견했고, 가장 유명한 토대주의자인 데카르트는 '나는 생각한다. 고로 존재한다(cogito ergo sum)'라는 자신의 존재와 이성에 대한 명확한 관념에서 기초를 발견한 반면 로크는 경험에서 토대를 찾았다.

12 이 단락은 홍준형, 2008, 『법정책의 이론과 실제』, 법문사, pp.11~13의 내용을 전재한 것이다.

13 정책분석은 일종의 수행평가로서 정책현안에 대하여 현장점검, 전문가 의견수렴 등을 통해 적시성 있는 대안을 제시하고, 국정현안점검조정회의 등에 분석결과를 상정·확정하여, 이후 주기적으로 이행실태를 점검하는 방식으로 진행된다. 과제규모, 내용 등 사안에 따라 관계차관회의(국무조정실장 주재) 등에 상정하여 처리하기도 한다. '특정과제 평가'라는 명칭으로 1998년부터 실시되다가, 이후 '특정시책 평가', '수시현안 평가', '심층분석' 등으로 바뀌었고 2018년부터는 현재와 같이 '정책분석'으로 지칭되고 있다(https://www.evaluation.go.kr/psec/intro/intro_1_3_1.jsp).

14 우리나라에서 시행되는 각종 평가제도 즉, 규제영향평가, 성별영향평가, 부패영향평가, 법안비용추계제도 등과 입법평가제도와의 관련성을 검토하고

우리 고유의 입법평가제도의 수립과 정착을 위한 제도적 방향성을 제시한 연구로는 박영도(2007) 참조.

15 Christoph Grimm, Gesetzesfolgenabschätzung: Möglichkeiten und Grenzen aus der Sicht des Parlaments, ZRP 2000, S.88. 일반적으로 평가 (evaluation)의 개념에 관한 보편적 합의는 존재하지 않지만, 그 의미가 점점 확장되어 '어떤 정책을 사전단계(기획입안단계)부터 사후단계에 걸쳐 성과를 분석하는 활동 일반'을 포함하는 개념으로 이해되고 있다고 한다. 즉, 목적, 목표, 개입이론, 실시과정, 결과, 성과 및 효율성을 명확히 하기 위한 체계적인 사회조사활동이라고 이해되고 있다고 한다(박영도, 2002, 「입법평가제도에 관한 연구」, ≪법제≫, pp.18~35, 20). 한편 입법평가와 (사후)입법영향분석, 입법영향평가, 규제영향분석 등의 개념에 대한 논의로는 김준(2021: 1~14) 참조.

16 예를 들어 2004년 9월 발효된 「성매매알선 등 처벌에 관한 법률」은 성매매의 근절과 피해자인권보호라는 입법취지를 달성하고 있지 못하고 있을 뿐 아니라 유사성행위의 급속한 확산과 성매매의 주택가 확산 등 음성화되었고 이에 따라 위생감독이 더욱 어려워지는 등의 부작용을 가져오고 있어 입법의 실효성에 의문이 제기되고 있다.

17 과반수투표제하에서 투표자들이 단봉선호(single-peaked preference)를 가지고 있다면 중위투표자(median voter)가 가장 선호하는 대안이 선택되겠지만 투표자들이 다봉선호(multi-peaked preference)를 가지고 있다면 단지 비교의 순서가 달라짐에 따라 표결의 결과가 달라져 표결방식이 일관성을 갖지 못하게 되고 신뢰를 받을 수 없다. 또한 의사진행과정을 장악하고 있는 사람이 큰 영향력을 행사할 수 있는 여지가 생기기 때문에 의사진행조작(agenda manipulation)의 유인이 작동한다.(이준구, 1996, 『재정학』, pp.139~141)

18 합리적 개인은 사적이익을 추구하며 정보수집에 따르는 비용과 편익을 고려하여 정보수집여부를 판단한다. 대체적으로 사람들은 소비자로서 시장적 의사결정을 하는 경우보다 정치적 의사결정을 하는 경우 정부의 수집과 분

석에 더 적은 노력을 기울인다. 특정개인의 투표가 투표결과에 미칠 수 있는 확률은 미미하고 비록 자신의 노력이 투표결과에 영향을 미쳐 바람직한 투표결과가 나왔다 하더라도 그 이익은 노력한 사람이나 그렇지 않은 사람이나 모두 똑같이 나누어 가진다고 투표자가 인식하기 때문이다. 따라서 투표자는 불완전한 정보에 기초해서 의사결정을 하게 된다(정호영, 2004: 41).

19 국회법은 다음과 같은 조항을 두어 법률안비용추계를 법제화했다. 국회법 제79조의2(의안에 대한 비용추계 자료 등의 제출) ① 의원 또는 위원회가 예산 또는 기금상의 조치를 수반하는 의안을 발의 또는 제안하는 경우에는 그 의안의 시행에 수반될 것으로 예상되는 비용에 대한 추계서를 아울러 제출하여야 한다. ② 정부가 예산 또는 기금상의 조치를 수반하는 의안을 제출하는 경우에는 그 의안의 시행에 수반될 것으로 예상되는 비용에 대한 추계서와 이에 상응하는 재원조달방안에 관한 자료를 의안에 첨부하여야 한다. ③ 제1항 또는 제2항의 규정에 의한 비용추계 및 재원조달방안에 대한 자료의 작성 및 제출절차 등에 관하여 필요한 사항은 국회규칙으로 정한다. [본조신설 2005.7.28] 국회법 제58조 제7항 ⑦ 위원회는 안건이 예산상의 조치를 수반하는 경우에는 정부의 의견을 들어야 한다.

20 이에 관하여 상세한 것은 국회예산정책처 예산분석실 법안비용추계팀 편, 2006, 「법안비용추계 : 원리와 방법」을 참조.

21 Hansjürgens, B./Lübbe-Wolff, G.(Hrsg.)(2000: 217~238); Newig(2003); 홍준형(2020) 등.

22 이에 관해서는 홍준형(2020), 특히 제5장(원전과 원자력 문제), 제7장(미세먼지대책법), 제8장(바이오사이드대책법)을 참조.

23 상징입법에 관해서는 홍준형(2020) 참조.

24 대법원 2021.3.11. 선고 2017다179, 186 (병합)판결(손해배상(기)(차) 파기환송).

25 Bender/Sparwasser, 1990, Umweltrecht, Rn.51, S.17.

제2장

환갑 넘긴 한국 환경법, 성공인가 지체인가?

Sucess or Failure?
Case of Environmental Law in Korea

1. 환경법, 무엇에 쓰는 것인가?

환경법의 대상은 인간들을 둘러싼 자연환경과 그 환경에 영향을 끼치는 인간들이다(Laitos, 2021: ix). 이 점은 변함이 없는 사실이다. 하지만 환경법이 어떤 이념에 토대를 두느냐에 따라 그 지향점이나 중점, 내용도 달라질 수밖에 없다. 환경법의 이념은 시대와 나라에 따라, 지배적인 세계관이나 철학에 따라 다양하고, 또 현실적으로도 합의에 도달하기 어렵다.[1] 반면 환경법이 실현하고자 하는 목적에 관해서는 최소한의 공통분모를 도출할 수 있다. 환경법의 목적을 단도직입적으로 묻는다면 환경을 보호하는 것, 좀 더 부연하면 환경과 생태계를 보호하는 것이라 할 수 있다.

환경정책기본법은 다소 경직된 개념이지만 '환경보전'의 개념을

"환경오염 및 환경훼손으로부터 환경을 보호하고 오염된 환경을 개선함과 동시에 쾌적한 환경의 상태를 유지·조성하기 위한 행위"라고 정의한다. 환경법의 목적이 환경보호라는 것은 헌법 제35조 제1항 후단, 환경정책기본법 제1조 및 제4조에 의문의 여지없이 뒷받침되고 있다. 이들 조항은 가장 기본적이고 일반적인 환경법과 환경보호의 목적규범을 구성한다.

환경법의 목적을 좀 더 세부적으로 풀이하면 첫째, 모든 국민에게 '건강하고 쾌적한 환경'을 보장하여 인간다운 생활을 영위할 수 있도록 하고(환경권의 보장), 둘째, 생활환경 및 자연환경(환경자원·생태계)을 침해 및 훼손으로부터 보호하며(환경과 생태계의 보호), 끝으로 환경침해로 인한 피해와 불이익을 제거·전보하고 환경분쟁을 해결(환경오염피해의 제거·구제 및 환경분쟁의 해결)하는 데 있다(홍준형, 2021). 이 세 가지 목적은 결국 환경의 지속가능한 이용의 보장, 즉 지속가능한 발전(sustainable development)을 가능케 할 환경적 조건의 실현을 지향하는 것으로 이해된다.[2]

한편 환경법의 목적을 정책의 관점에서 풀이하면, 그것은 수범자(normadressees), 즉 그 적용 대상 집단이나 법대중의 행태를 환경친화적으로, 환경을 보호하는 방향으로 변화시키는 데 있다고 말할 수 있다. 모든 정책의 궁극적 목표는 인간의 행태를 바람직한 방향으로 이끄는 데 있으며, 환경법 역시 예외는 아니다.

한편 환경법이 보호대상으로 삼는 환경권이 헌법직접적 권리인지 여부, 그리고 그 보호대상이 오로지 인간으로 국한되는지 아니면 환경과 생태계의 구성원인 동식물에게까지 확대될 수 있는지는 논란되고 있다. 이에 관한 대법원의 판례는 다음에 보듯이 모두 부정적이다. **"환경권에 관한 헌법 제35조의 규정이 개개의 국민에게 직접으로 구체적인 사법상의 권리를 부여한 것이라고 볼 수 없고, 사법상 권리로서 환경권이 인정되려면 그에 관한 명문의 법률규정이 있거나 관계법령의 규정취지 및 조리에 비추어 권리의 주체, 대상, 내용, 행사방법 등이 구체적으로 정립될 수 있어야 한다"**는 대법원의 판례는 현재까지 계속 유지되고 있다. 대법원은 2006년 6월 2일 '천성산 도롱뇽' 사건에서 **자연물인 도롱뇽 또는 그를 포함한 자연 그 자체로서는 이 사건을 수행할 당사자능력을 인정할 수 없으며** 환경권에 관한 헌법 제35조 제1항이나 자연방위권 등 헌법상 권리에 의하여 직접 한국철도시설공단에 대하여 고속철도 중 일부 구간의 공사 금지를 청구할 수 없고, 환경정책기본법 등 관계 법령의 규정 역시 그와 같이 구체적인 청구권원을 발생시키는 것으로 해석할 수 없다고 판시한 바 있다.

[1] 신청인 도롱뇽의 당사자능력에 관하여

원심결정 이유를 기록에 비추어 살펴보면, 원심이 도롱뇽은 천성산 일원에 서식하고 있는 도롱뇽목 도롱뇽과에 속하는 양서류로서 자연물인 도롱뇽 또는 그를 포함한 자연 그 자체로서는 이 사건을 수행할 당사자능력을 인정할 수 없다고 판단한 것은 정당하고, 위 신청인의 당사자능력에 관한 법리오해 등의 위법이 없다.

[2] 나머지 신청인들의 피보전권리로서의 환경권 및 자연방위권에 관하여

신청인 내원사, 미타암, **도롱뇽의 친구들이 환경권에 관한 헌법 제35조 제1항이나 자연방위권 등 헌법상의 권리에 의하여 직접 피신청인에 대하여 고속철도 중 일부 구간의 공사 금지를 청구할 수는 없고 환경정책기본법 등 관계 법령의 규정 역시 그와 같이 구체적인 청구권원을 발생시키는 것으로 해석할 수는 없으므로**(대법원 1995.5. 23.자 94마2218 결정 등 참조), 원심이 같은 취지에서 신청인 내원사, 미타암의 신청 중 환경권이나 자연방위권을 피보전권리로 하는 부분 및 신청인 도롱뇽의 친구들의 신청(위 신청인은 천성산을 비롯한 자연환경과 생태계의 보존운동 등을 목적으로 설립된 법인 아닌 사단으로서 헌법상 환경권 또는 자연방위권만을 이 사건 신청의 피보전권리로서 주장하고 있다)에 대하여는 피보전권리를 인정할 수 없다는 취지로 판단한 것은 정당하고, 환경권 및 그에 기초한 자연방위권의 권리성, 신청인 도롱뇽의 친구들의 당사자적격이나 위 신청인이 보유하는 법률상 보호되어야 할 가치 등에 관한 법리오해 등의 위법이 없다.[3]

반면 개별 환경법의 목적은 환경법의 성공을 가늠하기 위한 구체적인 준거가 된다. 이미 앞에서 살펴보았듯이 개개의 환경법들을 보면 모두에 각각 특수한 법의 목적을 명시하는 조항을 두는 것이 일반적이다. 대기환경의 보전·수질환경의 보전·소음진동의 규제·그 밖에 자연환경의 보전 등이 그런 예이다.

이러한 목적규범은 산출물(output)이나 성과(outcome)를 평가하는 판단기준으로 작용한다. 가령 2018년 「미세먼지 저감 및 관리에 관한 특별법」을 위시한 소위 '미세먼지 8법'으로 미세먼지 현황이 개선되었는지, 「물환경보전법」의 경우 오염물질 배출규제 등을 통해 공공수역의 수질현황이 개선되었는지 등을 확인하기 위한 전제조건이 된다. 산출물은 법 시행·집행의 직접적 결과를 통해 종종 기간·대상 등에 따라 법시행의 효과를 보여주는 직접적인 지표를 통해 측정되기도 하지만 간접적으로 준수율, 법위반에 대한 제재율을 통해 파악되기도 하며, 성과는 주로 법 시행·집행의 결과 법 목적에 따른 사회적 영향 또는 결과(social consequence)에 주목하며 통상 장기적·거시적인 사회변화가 달성되었는지를 가지고 측정하게 된다.

위에서 살펴본 환경법의 삼원론적 목적들은 개별 환경법들과의 관계에서 그 사회적 결과와 관련하여 일종의 포괄적 지향점으로 작용한다고 볼 수 있다. 가령 개별 환경법은 그 목적을 달성하면 일단 성공적이라고 평가할 수 있지만 궁극적으로는 환경권의 보장, 환경과 생태계의 보호 및 환경구제와 분쟁해결에 기여한 것으로 판단될 때 그 사회적 결과 면에서 성공이라고 평가될 수 있다.

2. 한국 환경법의 성공스토리, 청진기를 대다

지난 60여 년간 한국 환경법은 일종의 성공스토리를 써 내려왔다. 이것은 대단한 일이다. 세계 어느 나라도 한국처럼 줄기찬 환경법의 퍼레이드를 보지는 못했던 것이 사실이다. 한국 환경법은 양과 질 모든 면에서 다른 선진국들에 손색이 없을 만큼 잘 구비되어 있다. 2021년 10월 25일 현재 환경부 소관 법령은 1990년 제정된 「환경정책기본법」을 포함하여 77개의 법률과 각각 그 이상의 시행령(대통령령) 및 시행규칙(부령)으로 이루어진 방대한 규모를 자랑한다. 해마다 아니 시시각각 새로운 환경법이 만들어지고 또 개정된다. 환경법은 국회 입법과정에서 결코 작지 않은 큰 손이 되었다. 그러나 화려한 환경법의 행진에 청진기를 대보면 얘기는 사뭇 달라진다. 성공스토리의 이면에는 그동안 거의 다루어지지 않은 일종의 흑역사가 너울대고 있기 때문이다.

한국 환경법의 정체성
그렇다면 한국 환경법은 어떤 얼굴을 하고 있을까? 역사적 분석과 진단이 필요하다.

한국 환경법의 정체성은 한국이 겪어온 환경문제의 특성을 통해 드러난다. 한국의 환경문제는 저발전으로 인한 빈곤과 환경자원 남획으로 환경파괴가 급속히 진행되어온 제3세계 국가와 비교하면, 산업화·도시화로 인한 선진국형 환경문제의 비중이 상대적으로 높은 편이다. 1960년대부터 추진된 성장드라이브정책을 통해 공해다발성기업이 수출전략산업으로 급증했고, 특히 1970년대 중반 이후 추진된 중화학공업집중투자 정책으로 환경파괴의 요인이 구조화되었다는 것이 환경문제의 배경이었다. 이와 같이 정부 주도 경제성장정책에 따른 산업화·도시화의 결과로 악화일로에 있던 환경문제 해결을 위하여 환경법이 동원되고 발전되기 시작했다.

환경법은 공해방지법, 즉 공해방지를 위한 경찰법으로부터 독립을 계기로 발전했다. 공해행정법은 전통적인 일반경찰법의 법리에 따라 형성되고 운용되어 소극적인 공해 규제의 틀을 벗어나지 못했다. 경찰법은 사인의 자유, 특히 기업활동의 자유를 최대한으로 존중하고 공권력의 행사를 '필요악'으로 보는 자유주의의 토양에서 생성되었다. 경찰작용은 공공의 안녕과 질서를 유지하여 공중과 개인을 긴급한 위험으로부터 보호하기 위하여 필요최소한으로 행사되는 권력작용으로 이해되었다. 그 결과 공해 규제 또한 위험방지(Gefahrenabwehr)의 일부로 파악되었고 경찰법에 특유한 소극성의 잔재가 공해행정법에 그대로 계승되었다(原田尚彦, 1977: 56).
이러한 경찰법적 유제(遺制)는 환경문제가 날로 악화되고 구조화
된 상황에서는 더 이상 유지될 수 없었다. 그리하여 "공해문제를
근본적으로 해결하려 한다면 …… 현행법의 체계를 공해대책법으
로부터 환경보전법으로 탈피시킬 것이 요망된다"[4]는 인식이 확산·
공유되었다. 공해법은 소극적 경찰목적을 넘어 적극적 공공복리의
유지·증진을 위한 환경법으로 전환되기 시작했다.

한국 환경법의 역사적 전개

한국 환경법은 전통적인 일반경찰법의 법리에 따라 소극적인 공
해규제의 차원에 머물러 있었던 「공해방지법」을 대체하여 「환경
보전법」이 제정되면서 본격적으로 발전하기 시작했다. 이후 진행
된 환경입법은 정부주도하에 추진된 '위로부터의 개혁'의 전형적인
사례였다. 이는 환경입법이 지방자치단체의 주민운동을 배경으로
진행된 일본이나 국민의 환경의식과 환경운동을 배경으로 한 의회
의 이니셔티브로 국가환경정책법(National Environmental Policy Act
1969: NEPA) 등 환경입법이 전개되었던 미국의 경우와 의미 있는
대조점이다. 한국의 환경입법이 태생부터 자생적이지 못했다는 것
은 환경법을 집행할 행정기관인 환경청이 1980년에 가서야 발족했
다는 데서도 잘 드러난다.

한국 환경법의 발전과정에서 첫 번째 변곡점은 환경권을 기본권

으로 신설한 1980년 헌법에서 주어졌다. 환경권이 헌법상 기본권으로서 제창된 데에는 제2차 세계대전 이후 급속한 과학기술 혁신에 따른 산업발전, 특히 1960년대 고도성장정책 아래 초래된 광범위한 환경오염과 생태계 파괴의 역사적 경험이 배경을 이루고 있다. 기존의 공해중심적 사고방식만으로는 환경문제를 해결할 수 없다는 반성을 토대로 전통적인 법이론이나 법제도의 구각을 벗어난 새로운 접근방법이 요구되었고 이에 따라 환경권이 헌법상 확립되기 시작했다. 한국헌법은 이러한 인식의 전환을 비교적 이른 시기인 1980년에 관철시켰다. 1980년 헌법은 제33조에서 이러한 환경권사상을 수용하여 환경권을 기본권의 하나로 명시적으로 보장했다. 현행 헌법 역시 그 연장선상에서 "모든 국민은 건강하고 쾌적한 환경에서 생활할 권리를 가지며, 국가와 국민은 환경보전을 위하여 노력하여야 한다"고 규정하고(§ 35 ①), 다만 그 내용과 행사에 관한 사항은 법률에 유보하고 있다(§ 35 ②). 사실 환경권을 헌법에서 직접 기본권으로 명문화한 나라는 그리 많지 않다. 그런 뜻에서 환경권의 명시적 보장은 한국헌법의 특색을 이루는 요소이다. 이는 기본법에 환경권의 신설은커녕 환경보호를 국가목표(Staatsziel)로 명시하려는 시도조차 학계의 완강한 저항으로 지연되다 통일 이후 1994년 기본법개정으로 비로서 관철될 수 있었던 독일의 경험과도 현저히 대조된다.

두 번째 변곡점은 1990년대 환경법의 대분화를 가져온 이른바

'환경6법'의 입법을 통해 주어졌다. 1986년의 환경보전법을 위시한 일련의 법개정과 폐기물관리법의 제정이 이루어진 것을 필두로 1990년 환경청이 환경처로 승격되고 같은 해 7월 환경정책기본법, 대기환경보전법, 수질환경보전법, 소음진동규제법, 유해화학물질관리법, 환경오염피해분쟁조정법이 제정됨으로써 한국 환경법의 기본 틀이 갖춰졌다. 이를 계기로 '환경입법 대약진의 시대'가 열렸다. 뒤에서 보듯 환경법이 수와 양 모두 증가일로를 걷기 시작했고 환경입법은 일종의 '성장산업'이라는 비유가 나올 정도로 진군을 지속했다.[5] 무엇보다 개발·성장 위주의 경제발전 과정에서 환경과 생태계의 상황이 악화되고 새로운 환경문제들이 속출한 데 따른 불가피한 결과였지만, 환경정책 모든 분야에서 입법적 처방에 대한 요구가 늘어났기 때문이다. 환경부는 단기간에 소관 법령이 가장 크게 늘어난 부처가 되었고 환경부의 주된 임무 중 하나가 환경입법이었다고 해도 과언이 아닌 상황이 되었다.

2000년대에 접어들어 주목할 만한 환경입법의 판도 변화가 이루어진다. 하나는 지속가능발전 이념의 법제화였고, 다음은 기후변화에 대한 입법적 대응이었다. 2007년 8월 3일 제정되어 2008년 2월 4일부터 시행된 「지속가능발전기본법」(법률 제8612호)은 환경정책기본법을 토대로 형성, 발전되어왔던 우리나라 환경법의 최고규범으로서 위상을 가진 법이었다. 그러나 이 법률은 2010년 1월 13일 당초 기후변화대책법으로 추진되다 이명박 전 대통령의 녹색성장 드라이브에 따라 제정된 「저탄소녹색성장기본법」에 따라 기본법으로서의 위상을 박탈당하고 말았다. 반면 2010년 4월 14일부터 시행된 「녹색성장기본법」은 부칙 제4조에서 「지속가능발전기본법」을 「지속가능발전법」으로 개명하고 지속가능발전위원회를 대통령 소속에서 환경부장관 소속으로 바꿈으로써 조직체계상 또는 사실상 「지속가능발전법」을 아우르는 최고법의 위상을 확보하게 되었다. 이러한 입법조치가 바람직한 것이었는지, 그리고 법체계상 문제가 없는지, 나아가 양법의 관계나 녹색성장위원회와 지속가능발전위위회의 관계 등을 둘러싸고 논란이 제기되었고 아직도 그 불확실성이 완전히 해소되지 못하고 있다.

한편 기후위기 대응을 위한 2050 탄소중립(Carbon neutral 2050 또는 Net Zero 2050 Goal)이 글로벌 패러다임으로 대두됨에 따라 이를 뒷받침하기 위한 입법이 추진되었고, 2021년 9월 24일 드디어 2050년 탄소중립을 위한 중장기 온실가스 감축목표 설정, 기본계획 수립·시행 및 이행현황 점검을 포함한 기후위기 대응 체제를 정비하는 「기후위기 대응을 위한 탄소중립·녹색성장 기본법」(법률 제18469호 약칭 '탄소중립기본법')이 제정되었다. 일부 조항들을 제외하고는 2022년 9월 25일부터 시행되는 이 법이 제정됨으로써 기존의 「저탄소녹색성장기본법」은 2022년부터 단계적으로 폐지될 운명에 처하게 되었다.

환경법의 재고조사와 진단

위에서 본 바와 같이 한국 환경법의 역사는 '성장의 역사'이자 다른 어느 나라에서도 유례를 찾기 힘든 '성공담'이기도 한다. 그러나 늘 그와 같은 성공의 이면에 도사리고 있을지 모르는 '성장의 그늘'을 염두에 두고 환경법에 대한 총체적 점검과 진단을 게을리하면 안 된다. 환경법의 재고조사(Inventory)를 통해 현황과 문제점, 미래과제를 진단하고(Diagnosis)을 환경법의 건전한 발전을 위한 처방(Prescription)을 내린다는 자의식 있는 접근이 필요하다.

한국 환경법의 역사를 정관(靜觀)해보면 정치발전, 특히 민주화와 환경정책·환경법의 발전이 평행하는 것 같지는 않다. 군사정부나 권위주의 정권에서 환경법이 진전을 보인 예들이 그 점을 잘 보여준다. 주지하듯 환경권의 헌법적 정착은 전두환 정부에서 성사되었고 1990년의 환경법 대분화는 노태우 정부에서 단행되었다. 환경책임법과 환경책임보험을 합친 환경오염피해구제법이나 「환경오염시설의 통합관리에 관한 법률」, 자원순환기본법 등 환경법 혁신의 산물들은 다른 나라에서는 수십 년 걸려 만든 것을 이른바 '국정농단'이 자행된 박근혜 정부에서 성사된 것이다. 환경정책은 정치적 조건과 요인들에 영향을 받을 수밖에 없다. 하지만 한국 민주화를 진전시킨 김대중 정부와 노무현 정부 시절 환경정책과 법의 성적표는 그리 좋지 않았다는 것이 중론이다. 김대중 정부는 외환위기를 극복하느라 환경을 돌 볼 겨를이 없었다거나, 노무현 정부의 경우 대통령 자신이 인권변호사 출신임에도 환경 분야에서는 퇴보한 부분이 적지 않았다는 질책을 받았다. 이러한 사실은 환경법은 정치변동과 그다지 관련이 없는 것이 아닌가라는 의문을 넘어 '환경법은 권위주의 정권에서 번창한다'는 역사의 아이러니를 말해주는 것이 아닐까?

반면 정부조직 수준에서 보면 한국 환경정책의 역사는 환경부의 역사와 궤를 같이 한다. 김영삼 정부에서 환경처가 환경부로 변하면서 독자적인 부령 제정권을 갖게 되었지만, 국무총리의 행정 통할권을 통해 환경정책을 조정, 총괄하는 기능은 적어도 공식적으로는 상실하게 되었다. 그럼에도 불구하고 당시 환경처에서 환경부로의 '승격'을 자축한 것은 아이러니였지만 현실적으로는 충분히 이유 있는 일이기도 했다.

사실 환경부의 권한은 명목보다는 실질 면에서 기대에 미치지 못하는 경우가 많다. 환경부의 정부조직 내 위상은 특히 경제관계 부처에 비하면 열세를 면치 못한다. 일반적으로 행정각부가 소관 법률의 시행령이나 시행규칙을 제·개정할 때 넘어야 할 세 가지 관문의 수문장(gatekeeper)으로 기획재정부(예산), 법제처(법제), 행정안전부(조직)를 든다. 환경정책은 환경부의 독자적, 배타적 권한이지만, 기획재정부, 법제처, 행정안전부의 동의나 양해 없이는 관철하기 어렵다. 환경부의 위상과 영향력이 제약을 받을 수밖에 없는 이유이다.

그럼에도 불구하고 환경부는 단기간에 소관법률이 가장 급증한 부처로 손꼽힌다. 정부조직은 본래 법을 집행하기 위한 조직이므로 소관법률이 늘면 조직과 인력, 예산이 함께 늘어날 수밖에 없는 구조이다. 정부 각 부처가 소관법률을 늘이는 데 주력하는 것도 바로 그런 이유이다. 정치학이나 행정학에서는 정부조직 내 한 부처의 위상과 영향력의 크기는 그 수장이 최고통치자인 대통령과 (정치적으로) 얼마나 가까운지, 얼마나 자주 만나는지, 그리고 소관업무가 국정의제에 얼마나 많이 반영되는지에 따라 달라진다고 본다. 하지만 객관적 지표로서 소관법률의 다과야말로 실질적으로 정부조직 내 위상과 영향력의 크기를 가늠하는 척도가 된다. 그런 측면에서 환경부가 그 정부조직 내 위상의 열세에도 불구하고 실질적인 잠재력을 지속적으로 키워온 것은 주목할 만한 일이다. 그럼에도 불구하고 환경부가 그러한 잠재력을 실제로 발휘해왔는지는 논란거리로 남아 있다.[6]

현행 환경법의 구조와 내용

현행 환경법의 체계는 헌법전문, 헌법 제10조, 제35조 및 제37조 등 환경헌법적 규정들과 이를 바탕으로 하여 제정된 환경정책기본법과 각종 분야별 환경관계법들로 구성되고 있다. 1991년 2월부터 시행된 환경정책기본법[7]은 환경권에 관한 헌법이념에 근거하여 환경보전에 관한 국민의 권리·의무 및 국가의 책무를 명확히 하고,

환경보전시책의 기본이념과 방향을 정하며 환경 분야별 개별법에 공통된 사항을 규정하고 있다.

분야별 환경관계법으로는 「대기환경보전법」, 「물환경보전법」, 「소음·진동관리법」, 「화학물질관리법」, 「폐기물관리법」, 「자원의 절약과 재활용촉진에 관한 법률」, 「자연환경보전법」, 「생물다양성 보전 및 이용에 관한 법률」, 「자연공원법」, 「야생생물 보호 및 관리에 관한 법률」, 「오존층의 보호를 위한 특정물질의 제조의 규제에 관한 법률」, 「가축분뇨의 관리와 이용에 관한 법률」, 「토양환경보전법」, 「다중이용시설 등의 실내공기질관리법」, 「습지보전법」, 「수도법」, 「먹는물관리법」, 「하수도법」 등이 있고, 「환경영향평가법」, 「환경분쟁조정법」, 「폐기물처리시설 설치촉진 및 주변지역 지원에 관한 법률」, 「환경범죄 등의 단속 및 가중처벌에 관한 법률」[8] 등이 각각 특별환경법으로 제정되어 시행되고 있다. 그 밖에도 「환경개선비용부담법」, 「환경기술개발 및 지원에 관한 법률」, 「환경친화적 산업구조로의 전환 촉진에 관한 법률」과 「한국환경공단법」 등이 제정·시행되고 있다. 1990년대 후반에는 「독도 등 도서지역의 생태계보전에 관한 특별법」, 「한강수계 상수원 수질개선 및 주민지원 등에 관한 법률」이 각각 제정되었고, 정부조직 개편에 따라 자연공원법이 환경부 소관으로 바뀌었다. 2000년 들어 「수도권매립지관리공사의 설립 및 운영 등에 관한 법률」이 제정되었고, 2002년 「낙동강수계 물관리 및 주민지원 등에 관한 법률」,「금강특별법」,「영산강·섬진강특별법」이 제정되었으며, 2003년에는「수도권 대기환경 개선에 관한 특별법」,「건설폐기물의 재활용촉진에 관한 법률」,「백두대간보호에 관한 법률」등 3개 법이 제정되었다. 2004년에는「야생동·식물보호법」,「악취방지법」,「남극활동 및 환경보호에 관한 법률」,「친환경상품 구매촉진에 관한 법률」이, 2009년에는 국민건강 보호의 관점에서 환경정책을 추진하기 위한「환경보건법」이, 2012년에는「생물다양성 보전 및 이용에 관한 법률」이 제정되어 환경부 소관법률이 급증하기 시작했다.

한국환경법은 2013년부터 일련의 혁신적 입법을 통해 새로운 변화를 맞았다. 화학물질 관리 체계의 전반적 재편을 가져온「화학물질관리법」(2013.6.4. 전부개정)과「화학물질의 등록 및 평가 등에 관한 법률」(2013.5.22. 제정)을 필두로 환경피해구제의 새로운 접근을 구현한「환경오염피해 배상책임 및 구제에 관한 법률」(2014.12.31. 제정), 통합허가제라는 환경규제시스템 혁신을 가져온「환경오염시설의 통합관리에 관한 법률」(2015.12.22. 제정), 그리고 폐기물관리와 자원재활용, 신재생에너지 등을 자원순환체계로 통합한「자원순환기본법」(2016.5.29. 제정)이 제정, 시행됨으로써 한국 환경법의 신시대가 열렸다. 2017년에는「유전자원의 접근·이용 및 이익 공유에 관한 법률」(2017.1.17. 제정)이 제정되었다. 환경부 주도로 추진된 이 일련의 환경입법은 획기적인 입법 혁신의 성과로 주목을 끌었다.

최근에는 미세먼지 문제가 환경정책의 급박한 현안으로 대두됨에 따라 일련의 미세먼지 대책 법률들이 잇달아 제정 또는 개정되었다. 2018년 「미세먼지 저감 및 관리에 관한 특별법」이 제정되고, 2019년에는 「재난 및 안전관리기본법」 개정, 「대기관리권역의 대기환경개선에 관한 특별법」 제정, 「실내공기질 관리법」 개정, 「대기환경보전법」 개정, 「미세먼지 저감 및 관리에 관한 특별법」 개정, 「액화석유가스의 안전관리 및 사업법」 개정, 「항만대기특별법」 제정, 「학교보건법」 개정 등 이른바 '미세먼지 8법'이 입법화되었다. 2021년 9월 24일에는 「기후위기 대응을 위한 탄소중립·녹색성장 기본법」(법률 제18469호)이 제정되었다.

2021년 10월 25일 기준 환경부 소관 법령은 1990년 제정된 「환경정책기본법」을 포함하여 77개의 법률과 각각 그 이상의 시행령 (대통령령) 및 시행규칙(부령)으로 구성되어 있다. 하지만 법체계가 잘 구비되어 있더라도 그것이 얼마나 잘 실효성 있게 집행되고 있느냐는 별개의 문제이다. 환경법은 다른 어느 분야보다도 집행결함(Vollzugsdefizit)의 문제가 두드러지게 나타나는데 한국의 환경법도 예외는 아니다.

앞에서 본 환경법 외에도 타 부처 소관 환경관련법령들이 있다. 이들 역시 환경법의 중요한 구성부분을 이룬다. 타 부처 소관 환경관계법은 50개를 상회하고, 관련부처도 15개 이상에 달한다. 이처

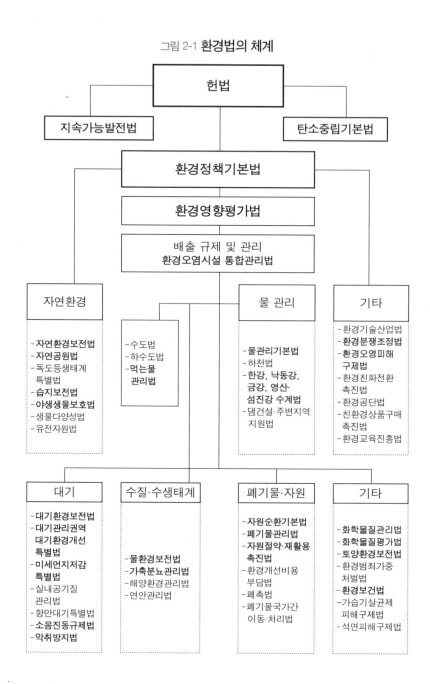

그림 2-1 **환경법의 체계**

헌법

지속가능발전법　　　　　　탄소중립기본법

환경정책기본법

환경영향평가법

배출 규제 및 관리
환경오염시설 통합관리법

자연환경

- **자연환경보전법**
- **자연공원법**
- **독도등생태계
  특별법**
- **습지보전법**
- **야생생물보호법**
- 생물다양성법
- 유전자원법

- 수도법
- 하수도법
- **먹는물
  관리법**

물 관리

- 물관리기본법
- 하천법
- **한강, 낙동강,
  금강, 영산·
  섬진강 수계법**
- 댐건설·주변지역
  지원법

기타

- 환경기술산업법
- **환경분쟁조정법**
- **환경오염피해
  구제법**
- 환경친화전환
  촉진법
- 환경공단법
- 친환경상품구매
  촉진법
- 환경교육진흥법

대기

- **대기환경보전법**
- **대기관리권역
  대기환경개선
  특별법**
- **미세먼지저감
  특별법**
- 실내공기질
  관리법
- 항만대기특별법
- **소음진동규제법**
- **악취방지법**

수질·수생태계

- **물환경보전법**
- **가축분뇨관리법**
- 해양환경관리법
- 연안관리법

폐기물·자원

- **자원순환기본법**
- **폐기물관리법**
- **자원절약·재활용
  촉진법**
- 환경개선비용
  부담법
- 폐촉법
- 폐기물국가간
  이동·처리법

기타

- **화학물질관리법**
- **화학물질평가법**
- **토양환경보전법**
- 환경범죄가중
  처벌법
- **환경보건법**
- 가습기살균제
  피해구제법
- 석면피해구제법

럼 환경관련 법령들이 산재되어 중복·상호모순 우려가 있고 경계 영역에서 법적 규율의 사각지대가 생길 수 있다.

주

1　환경법의 이념에 관하여는 山村恒年(1997: 25~35) 참조.

2　Storm: in Kimmnich/von Lersner/Storm, Handwörterbuch des Umwel-trechts(HdUR), Bd.II, 2.Aufl., 1994, 2334.

3　대법원 2006.6.2. 자 2004마1148,1149 결정(공사착공금지가처분).

4　原田尙彦(1981: 25~26). 이러한 각성은 한국을 위시한 세계 각국에서 시차를 두고 공통적으로 나타났다.

5　이에 관해서는 Hong, Joon Hyung, 1997, "Die Umweltproblematik und der Stand der Umweltgesetzgebung in Korea", Vortrag an der Tagung von KAS 'Die Umweltproblematik in Ostasien'을 참조.

6　이 부분은 홍준형(2021: 7~9)에 게재된 내용을 부분적으로 수정한 내용임을 밝혀둔다.

7　환경정책기본법의 제정배경에 관해서는 전병성(1992: 88 이하) 참조.

8　이 법률은 낙동강사건의 여파로 1991.5. 임시국회에서 제정된 것이다.

제3장
환경법은 어떻게 실패하는가?

1. 환경법, 실패는 가깝고 성공은 멀다

환경법은 성공보다는 실패가 더 가까운, 늘 실패가능성에 노출되어 있는 법 분야다. 환경문제를 해결하기가 어렵기 때문이다. 환경문제가 법을 통해서도 잘 해결되지 않는다면 그 이유는 무엇일까?

환경문제에 대한 법적 처방의 한계

환경법은 환경문제에 대한 법적 처방이다. 그 처방이 기대했던 성과를 거두려면 많은 어려운 조건들이 충족되어야 한다. 그러나 환경법이 입법이나 법집행 과정에서 소기의 성과를 거두지 못하게 방해하는 다양한 요인들이 있다. 해결해야 할 환경문제 자체가 환경법으로 또는 환경법만으로는 제어·해결하기 복잡하고 난해

한 경우도 적지 않다. 사실 감당하기 어려운 문제를 만나서 이길 수 없는 싸움을 벌여야 하는 경우도 드물지 않다. 이를테면 기후위기는 물론이고, 홍수, 산불, 태풍, 지진, 쓰나미, 가뭄, 이상고온, 기상이변 등을 상대로 환경법이 할 수 있는 일은 무엇일까. 법으로 홍수나 해일, 산불을 막는다고 하면 황당무계(荒唐無稽)한 상상이지만 국가나 지방자치단체가 재앙에 대비하고 피해를 최소화하거나 사태의 악화·악순환을 막을 인적·물적 자원과 인프라를 동원·구축해야 한다고 하면 누구도 이의를 달지는 않을 것이다. 이런 일이야말로 법이 아니고서는 하기 어려운 일이다. 그럼에도 불구하고 맞서기 어려운 적을 상대해야 하는 환경법의 '불운'은 실은 많은 부분 이미 예정되어 있다 해도 틀린 말은 아니다. 또 궁극적으로는 '개발'이란 미명 아래 환경과 생태계를 파괴하고 기후위기를 초래·유발한 인간활동 자체가 환경재앙의 원인이기도 하다. 하지만 이 숙명적 현실이 환경법을 옹호해주지는 못한다. 사람들은 여전히 법으로 환경문제를 해결할 수 있으리라는 기대를 버리지 않기 때문이다. 이런 기대가 사라지지 않는 이상 환경법은 불만과 실망의 계절을 영원히 벗어날 수 없다.

환경법이 태클해야 하는 대표적인 '난제(wicked problem)'인 미세먼지 문제를 생각해보자. 미세먼지 이슈는 환경법이 직면한 환경문제의 복잡성과 난해성을 상징적으로 보여주는 사례이다. 환경법 최악의 '고약한 문제', '난제'라고 불러도 무방하다. 미세먼지는 그 발생원으로 알려진 화력발전소나 공장의 굴뚝, 경유자동차의 배기구를 틀어막아 해결할 수 있는 단순한 문제가 아니다. 거기에는 에너지 생산과 소비 구조, 그와 연계된 산업, 교통, 일자리, 인프라, 규제 형평의 문제, 그리고 그 파급효과 등 다양한 이해관계와 문제들이 복잡하게 얽혀 있다. 여기에 월경 미세먼지의 원인 규명과 관계 당사국들의 책임과 비용 분담, 공조·협력 방안 등 '동북아 호흡공동체'라는 표어만으로는 풀기 어려운 갖가지 과제들이 더해진다.

조명래 전 환경부장관은 미세먼지가 정량적으로 줄고 있고 특히 비상저감조치 기간엔 최소 4, 5%가량이 줄어드는데도 고농도 미세먼지가 발생하는 이유는 '대기정체' 때문인데, 이런 현상이 동북아시아 전반적으로 나타나며 '기후변화' 문제를 해결하지 않으면 미세먼지 해결도 요원하다고 실토한다. 그는 미세먼지 문제를 해결하려면 기후변화 정책으로 가야 하는데 하루아침에 대응할 순 없다고 고충을 털어놓으며, '전 지구촌이 힘을 합쳐도 될까 말까 한 문제'라고까지 말한다.[1]

지난 몇 년간 한국인들은 기후변화가 인간의 삶에 얼마나 악영향을 끼칠 수 있는지를 가장 극적으로 목격했다. 미세먼지 문제가 그 대표적 사례이다. 미세먼지는 한국인들이 가장 불안을 느끼는 위험 요소까지 지목되었다.[2] 미세먼지 문제가 환경정책의 가장 급박한 현안으로 떠오른 것이다. 미세먼지는 생활과 건강, 특히 호흡기 및 심혈관 질환 등을 유발하는 심각한 요인으로 받아들여지고 있다. '삼한사온(三寒四溫)'이 아니라 '삼한사미(三寒四微)'라는 말이 이미 진부한 느낌을 줄 정도로 겨울철 미세먼지가 일상화되고, 계절을 가리지 않는 고농도 미세먼지 주의보로 시민의 불안이 가중되고 있다.[3]

계절을 가리지 않고 엄습하는 고농도 초미세먼지에 시달리면서 지난 30년 미세먼지 문제가 대체로 개선되어왔다는 보고를 듣는 것은 매우 당혹스러운 일이다. 이는 실증적 데이터를 통해 뒷받침되는 사실이기도 하다. 시민들의 체감효과와는 동떨어진 이 사실과 고농도 초미세먼지 문제의 심각성 사이의 괴리는 정부의 거듭된 미세먼지 대책들과 이를 뒷받침하는 법적 조치들이 처한 곤경을 상당부분 설명해준다. 정책과 법의 효과가 제대로 체감되지 못하여 불신을 낳고 그 불신이 다시 정책과 법의 효과를 훼손시키는 악순환의 메커니즘이 작동하기 때문이다.

그럼에도 불구하고 미세먼지를 줄일 수 있다는 가능성은 충분히 확인될 수 있다. 비록 미세먼지 문제를 완벽하게 제거할 수는 없을지라도 국민 대다수가 만족할 만한 수준에서 미세먼지 문제를 해결하는 것은 여전히 가능하고 유효한 정책과제인 것이다.

중국은 지난 5년 짧은 기간 동안 40% 가까이 오염 물질을 줄였다. 우리나라가 항의해서가 아니라, 자기 나라 국민들을 위해서다. 중국은 미세먼지로 인해 연간 100만 명 이상이 조기 사망하는 것으로 분석됐기 때문에 필사적으로 미세먼지를 줄인 것이다.[4]

미세먼지 문제 해결을 위한 정책대안과 이를 뒷받침하는 법제도가 적기에 그리고 유효적절하게 설계되어 일관성 있게 효과적으로 집행되었는가 하는 것은 또 다른 문제이다. 가령 역대 정부에서 거듭해온 미세먼지 대책들의 난맥상은 정책의 성과 측정이나 그 책임이 분명히 가려지지 않고 있는 원인이 되고 있다는 비판으로부터 자유롭지 못하다.

그동안 정부는 정책환경이 바뀔 때마다 수많은 대책과 계획들을 수립, 시행해왔다. 관련계획과 대책만 해도 대기환경개선종합계획('16~'25), 미세먼지 관리종합대책 ('17), 비상·상시 미세먼지 관리 강화대책 ('18), 미세먼지 관리종합계획('20~'24), 시·도별 시행계획(17개 전체 시·도), 권역별대기환경관리기본계획('20~'24), 시·도별 시행계획(권역 관할 시·도) 등 갈피를 잡기 어려울 정도이다. 그리하여 어느 대책, 어느 계획이 언제 어떤 효과를 냈는지를 분간하기가 극히 어려운 실정이다.

추진체계와 담당조직의 분산과 기능 중복 문제도 미세먼지 정책의 혼선을 더욱 가중시키는 요인으로 작용했다. '관계부처 합동'이라는 이름으로 종합계획을 짜고 역할을 분담하여 시책을 만들어내도 '미세먼지 8법' 소관부처들의 할거주의나 범부처, 부처 간 협력 조정의 애로가 해소되지 않는다면 효과를 내기 어려울 것이다(홍준형, 2020: 193, 200).

미세먼지 문제처럼 정책과 법적 처방의 한계가 원천적으로 불가피한 경우조차도 과학적, 증거기반 정책 설계를 바탕으로 만들어진 법적 대책들이 실효성 있게 집행될 수 있도록 하는 것은 중요하다. 이는 변명의 여지가 없는 입법과 정부의 책임이다.

2. 환경규제 실패 이야기

'환경규제의 실패'는 환경법을 실패라는 구렁텅이로 이끄는 고질적이고 가장 악명 높은 역병이다. 환경법을 끈질기게 따라 다니는 '환경규제의 실패'를 극복하지 못하면 성공을 기대할 수 없다. 환경규제의 실패 원인으로는 환경문제의 해결수단으로 환경법의 적정성 결여, 환경법 규제의 복잡세분화에 따른 애로, 환경법의 실효성 문제 — 집행결함, 환경법의 비공식적 회피, 효과적인 제재장치와 분쟁해결메커니즘의 미비 등이 지목된다. 이 중 집행결함이나 규제의 복잡세분화에 따른 법 준수의 애로, 비공식적 회피, 분쟁해결메커니즘의 미비 등은 환경법의 프로그램 자체가 잘못 되어서라기보다는 그 집행과 목표달성에 필요한 여건의 문제로 돌아간다. 반면 환경법의 설계오류나 적정성 결여와 같은 요인들은 바로 환경법의 성공을 가로막고 실패의 구렁텅이(pothole)로 이끄는 주된 원인이 된다. 환경규제의 실패를 규제의 개념과 규제실패, 환경법과 규제실패의 순서로 살펴보면 다음과 같다.

환경규제와 규제실패

규제실패(regulatory failure)는 환경법과 환경정책에서 전형적으로 나타나는 현상이다. 환경규제의 실패를 말하려면 먼저 규제와 규제실패의 개념을 밝혀야 한다. 그러나 유감스럽게도 이 개념에 관한 보편적인 합의는 존재하지 않는다. 그럼에도 그 일상언어상 관용이란 관점에서 최소한의 공분모를 식별하는 것은 충분히 가능하고 또 유용한 일이다.

규제란 무엇인가?

규제의 개념은 일상용어 또는 법령 용어로 사용되고 있으나, 본래 엄밀히 한정된 법적 개념은 아니다.[5] 행정학이나 정치경제학에서도 통일적인 개념으로 정립되어 있다고는 볼 수 없다(정용덕, 1983: 38~40). 정치경제학적 관점에서 정부규제를 접근하는 입장에서는 "바람직한 경제사회 질서의 구현을 위해 정부가 시장에 개입하여 기업과 개인의 행위를 제약하는 것"으로 정의한다(최병선, 1992: 18~24). 행정법학에서는 "행정주체가 공익을 위하여 관련행위에 있어 비당사자적인 입장에서 지속성 있는 규칙에 입각하여 일정한 목표를 가지고 의도적으로 국민의 사적 행위를 제한하고 규율하는 행정작용"으로 정의한다(김유환, 1989: 17; 최영규, 1993: 11).

이처럼 규제의 개념을 일의적으로 엄밀히 확정하기는 곤란하지만, 규제 개념이 지닌 여러 측면을 분석함으로써 환경규제의 상위개념, 즉 유개념(Gattungsbegriff)으로서 규제의 의미를 밝히는 것은 충분히 가능하다. 이러한 관점에서 규제란 규제의 목적, 주체, 대상 및 태양을 통하여 한정되는 개념으로, 목적 면에서는 시장의 실패, 사회적 불공평, 환경파괴 등 바람직하지 못한 사회적 결과를 제거 또는 극복하기 위하여 행해지는 공익추구활동이며, 주체 면에서는 정부 및 공공단체 등 규제기관이 행하는 공적 활동이고, 대상 면에서는 민간(기업과 개인) 또는 사적 부문에 대한 공적 제약이며, 태양 면에서는 권리의 제한이나 의무의 부과를 통한 민간의 자율적 결정과 그에 따른 사회적 행동에 대한 제약과 개입이라고 말할 수 있다.

이러한 의미에서의 규제는 근대헌법 이래 법질서의 기초가 되어온 사적 자치(Privatautonomie)의 원칙에 비추어 법치주의의 제약 아래 있는 것으로 보아야 한다. 이를테면 법치행정 원칙의 필수 요소로서 법률의 유보(Vorbehalt des Gesetzes) 원리와 관련하여 '규제유보의 이론(Theorie des Regulierungs-Vorbehalts)'을 상정해 볼 수 있다. 경제적 규제와 대비되는 사회적 규제의 일종으로서 환경규제란 이러한 의미에서 환경보호 또는 환경보전이라는 공익을 달성하기 위한 환경행정의 주체에 의한 사적 부문에 대한 공적 제약과 개입이라고 정의될 수 있을 것이다.

규제실패

규제실패 역시 과학적으로 엄밀히 규정하기 어려운 매우 포괄적이고 상대적인 개념이다.[6] 규제실패란 규제성공의 대칭 개념이다 (Sunstein, 1990: 84). 규제실패를 말할 수 있으려면 그 성패를 가늠할 객관적이고 일의적(一義的)인 평가기준이 존재해야 한다. 그러나 그 평가기준 자체가 논란의 대상이라면, 규제실패의 개념 역시 안정성을 갖기가 어렵게 된다. 실제로 규제의 실제 효과를 평가하는 데 여러 난점이 있다는 사실이 밝혀지고 있다.

선스틴(Sunstein, 1990: 76~77)은 이를 다음 몇 가지 요인으로 나누어 설명한다. 가장 근본적인 난점은 규제의 효과가 상대방에 따라 상이하게 나타날 수 있고, 이를 판별할 기준을 설정하기가 어렵다는 데 있다. 가령 유독물질에 대한 규제는 그것이 빠짐없이 또는 최대한으로 집행되면 성공적이라고 평가될 수도 있지만, 그것이 일부의 관측자들에게 사소한 이익을 위해 과다한 비용을 초래하는 것으로 여겨진다면 이를 가급적 집행하지 않는 것이 최선의 결과를 가져오는 선택이라고 판단될 수도 있다. 둘째, 규제의 성패에 대한 판단은 규제의 적정한 목표와 범위에 대한 주관적 견해에 의존하는데, 이에 대한 합의가 이루어진다 해도 규제의 편익과 비용 평가에서 가치와 사실에 관한 현격한 견해차가 나타날 수 있다. 가령 어떤 규제의 수혜자(beneficiary)가 규제에 따른 보호를 포기하는 대가로 요구하는 '원매가격(asking price)'은 자신들에게 혜택을 줄 것으로 여기는 규제의 도입을 위해 지불할 용의가 있는 '지불용의가격(offer price)'보다 훨씬 낮을 수 있다. 이 문제가 해결되더라도 이 '지불의사(willingness-to-pay)'라는 기준을 결정적인 것으로 볼 수 있을지 의문이 없지 않다. '지불의사'란 요인은 효용을 대변해줄 만큼 충분히 정련된 개념이 아닐 뿐만 아니라 지불능력에 대한 의존성을 배제할 수 없고, 나아가 생명과 건강을 평가하기 위하여 이 기준을 사용하는 데는 논란의 여지가 있으며 또 여러 측면에서 도덕적 반론에 취약성을 보일 수 있기 때문이다. 셋째, 규제의 비용과 편익을 평가하기가 곤란한 경우가 많다는 것이다. 특히 규제 이후 나타난 편익(post regulation benefit)이 규제로 인한 것인지 아니면 다른 원인에 기인한 것인지를 판별하기 어려운 경우가 적지 않다. 가령 규제 이후 나타난 교통사고와 사망률 감소는 규제의 결과가 아니라 규제 이전에 발생한 경제적 사정이나 인구이동 등에 따른 것일 수도 있고, 더욱이 잡다한 요인들이 뒤섞인 혼성적

변인들을 통제하는 것은 극히 어렵다. 또한 규제의 효과를 평가함에 있어 고려해야 할 규제의 부수적 또는 우연적 비용이나 편익이 무시되는 경우가 빈번한 반면, 이러한 효과를 측정하기 곤란한 경우가 많다는 것도 문제이다. 가령 새로운 환경오염원에 대한 통제는 재래적인 오염원을 장기간 시장에 유지시키는 결과를 초래할 수도 있는 반면, 정부가 오염을 통제하기 위하여 기술개발을 요구함으로써 다른 분야에까지 유용한 기술발전이 촉진될 수도 있는데, 규제효과의 평가에 있어 이처럼 다양한 요인과 측면들을 불변적인 것으로 취급하는 것은 극히 어렵다는 것이다.

그러나 이러한 난점에도 불구하고, 선스틴(1990: 76~77)은, 규제 이후의 상태와 규제가 도입되지 않았다면 존재했을 가상적 상태를 개괄적으로 비교하는 것은 가능하다고 한다. 또 통일적인 기준에 의해 비용편익을 측정함으로써 다양한 규제프로그램들이 어떠한 차이를 가지는지를 평가할 수 있는 가능성이 주어질 수도 있다. 규제효과에 대한 결론이 다투어지지 않는 한 이러한 종류의 접근을 통하여 일정한 규제가 중요한 편익을 가져왔다는 사실을 확인할 수 있다는 것이다. 그리하여 선스틴은 위에 서술된 난점과 불확정성을 시인하면서도 규제성패의 판단기준을 규제법규에서 찾는다. 즉 규제법규가 그 규제를 정당화하는 기본적 목표들을 얼마나 달성했는가에 따라 그리고 그 목표들을 최소한의 비용으로 달성했는지에 따라 그 규제가 성공적이었는지를 판단할 수 있다는 것이다.

이 같은 목표들을 달성하지 못하거나 중대한 역효과를 발생시켰거나 어떤 납득할 만한 견지에서도 규제의 비용이 그 편익을 위축시키거나 아니면 규제가 공익목적에 비추어 옹호될 수 없는 이익단체의 이해관계 구현에 그치는 경우에는 규제법규의 실패를 이야기할 수 있다고 한다.

선스틴의 논의는 논란의 여지가 없지는 않지만, 적어도 구체적인 규제법규의 성패를 분석하는 데에는 유용한 접근방법이다. 문제는 규제법규가 달성하고자 하는 기본적 목표들을 어떻게 추출해 낼 것인가에 있다. 관건은 일반적으로 시장의 실패(market failure)와 정부개입의 근거로 지목되어온 독점(monopoly), 집합행동의 비합리성, 조정 문제 및 거래비용(collective action problems, coordination questions, and transactions costs), 불완전한 정보(inadequate information), 외부효과(externalities) 등의 문제[7]를 극복 또는 시정하는 데 있다. 그러나 개별구체적 규제법규에서 이러한 규제의 근거 또는 정당화사유를 도출하는 것은 결국 '실정법 해석에 대한 이론적 해명(Lehre der Auslegung des positiven Rechts)'으로서 법해석론(Rechts; Rechtsdogmatik)의 과제로 귀결된다. 그 결과는 구체적인 규제법규에 따라 극히 다양하게 나타날 수 있고, 동일한 규제법규 또는 규정에 대해 이른바 '해석경쟁(Auslegungswettbewerb)'의 여지도 배제하기 어렵다. 규제의 근거를 규명함에 있어 전통적인 법학은 문리해석, 논리적·체계적 해석, 역사적 해석 그리고 목적론적 해석 등의 방법을 제공한다. 규제의 목적이나 근거를 규명함에 있어 역사적 해석과 목적론적 해석방법은 상대적으로 빈번히 활용될 수 있고, 이를 통해 전통적인 법학이 금기시해왔던 법정책적 측면, 즉 입법자의 의사, 규제법의 정책목적 등을 인식할 수 있다. 이러한 해석과정을 통해 합리적인 지적 판단능력을 갖춘 평균적 사회구성원이 납득할 만한 규제근거가 도출될 수 있다면 이를 바탕으로 특정 규제가 성공적인지를 판명할 수 있게 될 것이다. 아무튼 규제법령 중에는 설령 편익을 가져올지라도 그 비용이 너무 과다하여 편익의 실제적 효과가 손상되거나, 예상하지 못한 부수효과(side effect)가 야기되거나, 당초 규제의 지지자들의 기대에 훨씬 못 미치는 성과를 거두는 데 그치는 경우가 존재하는 것이 사실이다. 더욱이 규제가 의도된 결과와 정반대의 결과를 초래하는 이른바 '규제의 패러독스(paradox of regulation)'가 발생하는 경우도 적지 않다(Sunstein, 1990: 75).

　이런 현상들을 통틀어 '규제의 실패'라는 개념으로 묶을 수 있을 것이다. 규제의 실패는 환경법의 실패로 귀결된다. 그것은 규제기관의 관료부패, 무능, 규제기관의 포획(regulatory capture)에 기인하는 것일 수도 있고(최병선, 1992: 200), 경제우선논리와 같은 규제제도의 환경적 요인, 설계 오류 등 규제입법 자체의 문제, 규제집행의 문제 등에 기인하는 것일 수도 있다(김유환, 1994, 136~147).

환경규제의 법적 과정과 규제실패

환경법이 환경보호 또는 환경규제의 목적을 실현하는 과정을 상정해보자. 여기서 법은 민주적 정당성을 지닌 의회, 즉 입법권자에 의하여 구속적 행위규범으로서 정립된다. 법규범의 제정은 으레 특수한 공익목적을 추구하는 데 이 공익목적은 여기서는 구체적인 환경보호의 목적으로 해당 법령의 첫머리에서 목적조항의 형태로 표현되기 마련이다. 환경규제는 수범자들(Normadressees)에 의하여 준수될 것으로 기대된 법규범의 정립을 통하여 시작되고 수행된다. 법규범은 주로 명령 또는 금지의 형태를 띠는 경우가 많은데, 이를 통해 입법자는 환경규제의 목적 실현을 위하여 바람직하다고 평가한 일정한 허용되는 행위들의 목록, 범주를 설정한다. 규범 일탈행위에 제재를 가할 것이라는 계고는 바람직한 행위에 대한 규범적 요구의 준수를 보장하는 교정수단으로 작용한다. 한편 지역주민 등 이해관계인이나 공중(국민)은 일면 입법과 행정에 대해, 타면 문제된 사업자 등 수범자에 대하여 각각 정치·사회적 압력과 통제를 가하는 동시에, 환경운동·입법운동을 통해 환경규제의 주동적 요인으로도 작용한다.

우리의 질문은 다시금 법, 환경법은 환경문제를 효과적으로 해결하고 있는가는 하는 것이다. 이 물음에 대한 답은 무엇보다도 다음과 같은 후속 질문들을 통해 주어진다. 첫째, 환경법규 자체가 적정한가, 둘째, 오늘날 지속적으로 나타나고 있는 환경규제법규의 양적 확대 및 규율밀도·복잡성의 증대 경향은 환경보호정책의 목표에 비추어 바람직한가, 셋째, 환경법이 실효성 있게 집행되고 있는가, 넷째, 환경법의 규율이 비공식적으로 회피되고 있지는 않는가, 다섯째, 법은 환경피해에 적정한 구제방법을 제공하는가?

환경법의 적정성

환경문제 해결을 위한 법적 처방으로 만들어진 환경법규는 적정한가? 이 물음은 환경법의 설계와 내용 자체의 적실성, 타당성에 관한 것이다. 만일 규제법규 자체가 적실성과 타당성을 결여한다면 그것을 근거로 수행되는 환경규제 전체를 폐지하거나 재검토해야 마땅할 것이다. 우리나라 환경법은 앞에서 본 바와 같이 결코 완비를 이야기할 수는 없지만, 외국이나 다른 법 분야에 비해 손색이 없는 충실한 내용과 체제를 갖추고 있다. 환경법령의 면모만 보더라도 그 방대한 규모와 규율에 놀란다. 그럼에도 불구하고 환경법의 미비를 지적하거나 새로운 환경입법을 촉구하는 목소리가 끊이지 않는다. 그 이유는 무엇일까? 새로운 환경문제들이 대두되기 때문이기도 하고 또 기존의 환경법이 제 역할을 다하지 못하는 무언가 문제가 있기 때문이기도 하다.

물환경보전법, 대기환경보전법 등에서 채택한 배출부과금제도 환경법규의 적정성에 관한 비판이 제기되는 또 대표적인 사례의 하나이다. 물론 규제수단의 선택에는 그 규제효과에 대한 불확실성, 의존할 수 있는 실증적인 자료의 부족, 각국의 역사적, 정치경제적 상황의 상위로 인한 비교의 곤란 등 많은 어려움이 따르는 것이 사실이다.

환경법규는 적정성 문제와 관련 법체계의 혼란, 관련법 사이의 형평성과 조화의 측면에서 문제가 있다든지(최병선, 1992: 441), 규제효과 면에서 현실적으로 수범자의 자발적인 법 준수를 기대하기 곤란한 이상, 환경기술의 개발을 촉진시키기보다는 임기응변적인 규범준수나 제재의 감수만을 가져온다든지, 또는 환경영향평가제도나 배출부과금제도와 같은 개별제도의 미비점이 개선되지 않고 있다는 비판이 있다. 무엇보다도 심각한 문제는 이처럼 개별 환경법의 적정성이 의문시되고 있음에도 불구하고 그 개선 및 현실적 응에 적지 않은 애로가 뒤따른다는 점이다. 가령 입법과정의 지연이나 그 본래적 신중성으로 인하여 시의적절한 법개정을 기하기가 어렵거나, 경제정책 또는 경기정책과의 갈등을 통하여 환경입법의 개선이 저지되는 경우가 적지 않다는 점, 본래 균등하게 적용되어야 할 규제법규에 그 제정단계에서 이미 수범자의 경제적 능력이나 사회적 지위의 차이에 따른 불평등한 영향력의 행사를 통하여 예외규정이나 기준의 하향평준화가 초래될 수 있다는 점 등이 지적될 수 있다.

실례로 엄청난 사회적 물의를 일으켰던 1991년의 대구페놀오염사건 이후 배출부과금제도의 문제점이 지적됨에 따라 부과금 수준 대폭 인상 등 관계법상 벌칙을 강화할 수 있는 특별법의 제정이 논의되었으나 업계의 반발로 무산된 경험이 있다.

환경법의 실체적 적정성도 문제지만, 환경법을 집행할 정부조직의 문제도 있다. 특히 환경행정조직의 분산·중첩 이슈는 간과할 수 없는 문제이다. 무엇보다도 정부조직상 환경부의 위상 문제가 거론된다. 그동안 환경정책이 표류했던 것은 환경부의 행정부 내 위상 또는 정책관철능력의 결함과 결코 무관하지 않다는 지적이 많았다. 환경부는 당초 환경처 출범 이래 줄곧 행정부 내에서 다른 경제부처나 정치·행정부처에 비해 제한된 중요성과 영향력을 갖는 부처로 인식되어온 것이 사실이다. 환경부가 행정부 안에서 일종의 주변부처로 평가절하된 것은 그동안 국가정책과정에서 환경정책이 등한시되었던 사정과 무관하지 않다. 환경부의 전신인 환경처가 정부조직상 국무총리소속하에 설치되어 정책통괄·조정기능만을 가질 뿐 독자적으로 부령을 발하거나 실효성 있는 환경규제를 집행할 수 없다는 비판을 받은 것도 그런 사정과 맥락을 같이한다.

그런 연유로 1994년 환경처가 환경부로 바뀐 것은 일종의 '승격'으로 인식되었다. 하지만 1994년의 집행부서 '승격'에 대해서는 정책 통할기능의 소실 우려와 함께 환경부의 집행역량 자체에 대한 의문마저 제기되었다. 환경부의 정치적 위상이 높아졌을까? 그런 증거는 없거나 확실치 않다. 물론 환경부의 위상을 일종의 '슈퍼' 정부기관(super-agency)으로 격상시키는 것만이 능사는 아니다. 미국에서는 환경보호청(EPA)의 격상안이 그리 매력적으로 취급되지만은 않았다(Carol, 1994: 9). 앞으로 환경부의 정책통괄·조정기능을 어떻게 강화해 나갈 것인지, 집행기능의 실효성을 어떻게 확보해 나갈 것인지 고민해볼 필요가 있다. 문제는 환경부가 환경정책과 상충하는 경제정책, 정치사회적 정책과의 경쟁 속에서 얼마나 설득력 있게 자신의 정책을 관철시킬 수 있느냐 하는 데 있다. 과거 환경처가 가졌던 환경정책의 통할·조정권만 해도 그것이 제대로만 행사될 수 있었다면 오늘날 우리가 겪는 환경정책의 표류에 기인한 환경문제의 상당부분은 발생하지 않았을 것이다. 따라서 입법정책 차원에서 환경부의 정책통할·조정기능을 강화할 수 있는 방안을 강구할 필요가 있다. 이를 위해서는 무엇보다도 여러 부처에 분산되어 있는 환경정책기능들을 가능한 한 통합 또는 조율하여 환경부의 소관업무와의 중복을 회피하는 것이 급선무이다. 환경행정 관할이 분산되어 통일적·체계적인 처리를 기하지 못하고 그 결과 환경행정의 비효율적 중복이나 책임전가로 인한 공백 등 적지 않은 문제가 발생한다는 것은 경험이 말해주는 바이다. 물론 파격적으로 행정각부의 권한배분의 기준을 고쳐 모든 환경에 관련된 업무를 전부 환경부에 몰아주거나 현실적인 행정여건을 무시한 채 무조건 예산과 인력의 지원을 집중시킬 수는 없다. 그러나 통합적 환경관리가 요구되는 분야에 관한 권한은 환경부에 맡기고, 타 부처 소관 환경관련 업무에 대해 환경부의 관여를 제도화해야 통합적 환경정책의 성공을 기대할 수 있을 것이다.

둘째, 중앙과 지방 간 환경행정기능의 편중과 격차가 문제점으로 드러나고 있다. 특히 지방환경청과 지방자치단체의 환경행정부서 간 적절한 역할분담 또는 권한배분이 필요하다는 지적이 나오고 있다. 이와 관련하여 지방자치단체의 환경관련 행정부서가 효과적인 환경행정을 수행하는 데 충분한 조직·인력이나 장비·예산을 갖추고 있지 못하다는 점이 취약점으로 지적되고 있다.

지역적 특성에 맞는 환경보호를 기하기 위하여 지방자치단체의 역할은 아무리 강조되어도 지나치지 않을 것이다. 일례로 1992년 7월 환경관계법령의 개정으로 종래 지방환경청과 지방자치단체에 분산되어 있던 환경규제권한중 공해·유해물질배출업소에 대한 단속·처분권을 지방자치단체로 대폭 이관했던 것은 주목할 만한 변화였다. 그러나 각 시·도의 인력이나 소요장비가 부족하여 업무수행에 차질이 빚어졌고, 환경규제권 분권화가 오히려 규제활동 완화를 초래했다는 지적을 받았다.[8]

환경집행사무의 분권화 효과가 그다지 높게 나타나지 않았고 적

표 3-1 **환경사무 분권화 효과에 관한 실증분석 결과**

연구자	연구범위	연구결과
최충익·고재경 (2009)	2002년 이전·이후 16개 시도의 환경규제 변화	적발률, 약한 처분율 약화 강한 처분율 강화
박순애 외 (2012)	1998~2010년 16개 시도 대기오염물질배출업소 단속 변화	지방정부 위임 이후 적발률 감소, 처분강도 약화
박순애 외 (2013)	1998~2012년 16개 시도 폐수배출업소 단속 변화	분권화 이후 단속건수와 단속적발률 감소
김종순·문태훈 (2013)	2002~2010년 16개 시도 환경규제 변화	점검률, 적발률 약화
이현철(2014)	2003~2010년 230개 자치단체 환경오염물질배출업소 단속 변화	적발률과 단속수준 모두 감소 약한 처분율 지역별 편차 상승

자료: 한국환경정책학회. 환경정책 이행 성과 제고 방안 연구(2018. 01). 19~20.

발률이나 처분율 약화 경향을 보인 것도 그런 맥락과도 무관하지 않다.[9]

지방자치단체의 환경정책적 역할에 관한 현행법 규정들은 환경 정책에 관한 국가주도 발상에 입각하고 있다. 즉 정부조직법은 제 39조 제1항에서 환경부장관에게 '자연환경, 생활환경의 보전, 환 경오염방지, 수자원의 보전·이용 및 개발에 관한 사무'를 관장하도 록 하고, 「환경정책기본법」은 제4조 제1항에서 국가에게 '환경오염 및 환경훼손과 그 위해를 예방하고 환경을 적정하게 관리·보전하기 위하여 환경계획을 수립하여 시행할 책무'를 지우고 있다.

「환경정책기본법」은 제4조 제2항에서 지방자치단체의 환경정책적 역할을 분명히 설정하고 있는데, 이는 「환경정책기본법」이 지방자치법과는 달리 지방자치단체의 환경정책적 역할의 중요성을 인식한 결과라고 이해된다. 다만 지방자치단체가 관할 구역의 지역적 특성을 고려하여 수립·시행할 독자적 환경계획은 어디까지나 국가의 환경계획에 따른 제약을 벗어나지 못한다.

국가적 수준에서 환경정책의 통합적 수행이 요구되는 이상 이러한 현행법의 태도를 나무랄 수는 없을 것이다. 그러나 국가주도 발상으로 말미암아 환경정책에 관한 지방자치단체의 역할이나 권한이 명확히 설정되어 있지 않다는 것이 문제이다. 즉 지방자치단체의 사무를 예시하고 있는 「지방자치법」 제13조 제2항에 따르면 지방자치단체는 주민 복지증진에 관한 사무(제2호)로서 청소, 생활폐기물의 수거 및 처리(자 목), 농림·수산·상공업 등 산업 진흥에 관한 사무(제3호)로서 공유림관리(사 목), 그리고 지역개발과 자연환경보전 및 생활환경시설의 설치·관리에 관한 사무(제4호)를 수행하도록 되어 있다. 제4호에 따른 지방자치단체의 사무는 자연보호활동, 지방하천 및 소하천의 관리, 상·하수도의 설치·관리, 도립공원, 광역시립공원, 군립공원, 시립공원 및 구립공원 등의 지정 및 관리, 도시공원 및 공원시설, 녹지, 유원지 등과 그 휴양시설의 설치 및 관리 등을 제외하고는 주로 지역개발사업, 지방 토목·건설사업의 시행, 도시·군계획사업의 시행, 지방도 등의 신설·개수 및 유지 등 주로 개발사업에 치중되어 있고 지방자치단체의 환경정책에 관한 역할과 권한이 분명히 설정되어 있지 않다. 또 각 개별분야의 환경법들은 환경 관련 업무를 주로 국가사무로 규정하되 이를 지방자치단체의 기관에게 기관위임할 수 있도록 하고 있다. 환경부의 업무중 국가사무의 비중이 지방자치단체의 고유사무 및 단체위임사무에 비해 압도적으로 높은 것도 바로 그런 이유에서이다.

그 밖에도 부처 간 및 지방자치단체 상호간 환경정책 관련 대립과 갈등을 조정할 수 있는 심급 또는 기구가 결여되어 있다는 점, 환경행정을 위한 전문인력의 부족, 전문인력양성기관의 불충분, 지방자치수준에서 지역특성에 맞는 실효적인 환경행정을 가능케 할 법제도(환경관계 조례 등)의 미비 등이 문제점으로 지적되고 있다.[10]

환경법 너무 복잡하고 어려워

환경법규 역시 다른 사회규범이 관철되는 과정과 대동소이한 과정을 통해 실현된다. 그러나 다른 사회규범에 비해 환경법규범은 그 전문기술성으로 인하여 일반적인 행위규범에서 나타나는 사회화를 통한 내면화가 잘 일어나지 않는다. 물론 가능하면 환경오염을 피해야 한다는 인식이 사회화과정을 통하여 자각 또는 학습될 수도 있다.

그러나 사업자들에게 오염물질 배출허용기준을 준수해야 한다는 동기가 사회화과정에서 자연스레 내면화되기를 기대하기는 어렵다. 그들의 행태는 오히려 규범의 준수와 위배 사이의 비용·편익 효과에 대한 합리적 분석(Cost-Benefit Analysis)에 따를 개연성이 높다. 환경법규가 날로 기술화되는 현상은 비단 수범자의 행태뿐만 아니라 법규범의 발전조건 자체에도 영향을 미친다. 규제대상이 된 분야가 복잡해질수록 법규범은 규율의 복잡성에 부응하기 위하여 더 상세한 규정을 갖추거나 그렇지 않으면 일반적·개괄적인 규정형식에 만족해야 하는 일종의 딜레마에 봉착한다.

환경영향평가나 환경기준의 설정 등의 경우처럼 고도로 전문기술적 판단을 요할 뿐만 아니라 날로 발전하는 환경기술 수준에 따라 그때그때 탄력적이고 민첩한 대응이 요구되는 문제에 대해 의회가 직접 세부적 규율을 하기를 기대하기는 현실적으로 불가능한 경우가 많다. 결국 의회는 '골격입법(skeleton legislation)'만 행하고 세부 규율은 행정부의 법규명령에 위임하거나 심지어는 종래 외부적 효력이 부인되어왔던 행정규칙 같은 형식에 위양해버리는 경향이 나타나게 된다. 또한 환경규제의 대상, 즉 피규제자집단에 해당하는 수범자들이 직·간접적으로 어떻든 실질적으로 규제법규 제정에 관여하는 경우도 비일비재하다. 법규범이 전문기술화될수록 일반인의 법에 대한 인지가능성은 저하되는 반면, 전문인력 동원에 필요한 경제적 여력을 가진 수범자들은 오히려 훨씬 더 많은

'규제로부터의 자유'를 누리게 된다는 역설적 결과가 나타날 수도 있다.

환경법의 집행결함

환경법규가 완비되어도 실효성이 없으면 환경문제의 해결을 기대할 수 없다. 각종 환경법령이 집행의 실효성을 검토해야 하는 까닭이다. '집행결함' 또는 실효성 결여는 다른 법 분야에서도 나타나지만, 특히 환경법 분야에서 두드러지게 나타나는 현상이다.[11]

환경규제에서 인·허가제는 매우 중요한 의미를 가진다. 인·허가제는 환경에 영향을 미치는 행위나 사업 자체의 허용여부를 통제할 수 있다는 점에서 가장 강력한 명령적 규제수단이다. 그러나 인·허가제의 실효성을 저해하는 요인들이 적지 않다. 그중 두 가지만 든다면, 첫째, 환경행정조직상 환경보전업무가 다수의 정부부서에 분산되어 있는 반면, 환경보호의 주무부처인 환경부가 법적으로나 사실상 이들의 권한행사를 효과적으로 총괄·조정할 처지에 있지 못하다는 문제가 있다. 무엇보다도 환경부의 위상이 경제나 국방을 담당하는 부처에 비해 상대적으로 열세이기 때문에 부처별 할거주의 또는 힘겨루기를 통하여 정책 간 중복·상충이 환경정책의 불이익으로 귀결되는 경우가 많다. 책임의 분산과 책임한계의 모호성 등으로 환경보호의 통일성과 체계성이 저해되는 경우도 빈번하다.

둘째, 환경전담부서 이외의 행정기관은 각기 본래의 업무에 치중할 뿐 환경보호나 환경오염 방지 업무를 부차적인 것으로 다루려는 경향이 있다. 이러한 경향은 환경규제권한이 타 부서에 존재하거나 하위기관에 이관되면 될수록, 중앙정부로부터 지방자치단체로 이양되면 될수록 더욱 현저히 나타난다.

아울러 행위제한이나 법령위반에 대한 제재 등 명령적 규제방식에 의존하는 환경규제의 실효성이 널리 의문시되고 있고, 보조금이나 부과금과 같은 경제유인적 규제수단 역시 실효를 거두기에는 여러 가지 문제를 안고 있다는 점도 고려해야 한다.

물론 환경법의 완벽한 집행이란 환상에 지나지 않는다. 법의 홍수라고 일컬을 만큼 끊임없이 증가하는 환경관계법령의 폭주, 난맥상, 무체계성, 환경법제도의 내적 조화를 위한 노력의 결여, 그리고 해석상의 논란들은 차치하더라도, 환경법의 집행이 관할 행정인력이나 장비의 불충분성으로 인하여 좌절되는 일이 비일비재하기 때문이다. 행정력(Verwaltungskapazität) 자체가 이미 희소자원(knappe Resource)이다. 또한 행정기관의 정보부족이나 통제능력의 한계로 인하여 환경법령의 집행이 실패하는 경우도 드물지 않다. 거기에 환경행정을 위한 전문인력, 예산·시설·장비의 부족,[12] 지역특성에 맞는 효과적인 환경행정을 가능케 할 법제도의 미비 등과 같은 요인들이 가세한다.

환경법의 비공식적 회피

실제로 환경규제업무를 담당하는 것은 일선행정기관이다. 환경규제는 현실적으로 이들 일선행정기관과 규제를 당하는 수범자 간 상호작용을 통하여 실행된다. 환경규제는 일반적으로 명령·금지 등을 통한 단속의 성격을 띠므로 이들은 서로 상반된 목표를 추구하기 마련이다. 수범자는 가급적 규제나 단속을 회피하려 하지만 행정기관은 환경법령의 규범적 요구를 충족시키기 위하여 통제권을 행사하고자 하며, 그 통제의 강도는 상급기관에 의한 구속이 강하면 강할수록 높아진다.

한편 이들 양자는 상호의존관계에 놓이게 된다. 즉 수범자는 규제법규의 일반적 구속력에 따라 행정기관에게 의존하며, 행정기관은 규제를 위한 정보나 자료(가령 배출물질의 양이나 위험성에 관한 신고자료)의 획득을 수범자에게 의존한다. 행정기관은 가령 배출시설이나 방지시설의 설치허가를 발급받아야 하는 수범자에 대한 관계에서는 우월한 지위에 서게 된다. 반면 일반적으로 배출허용기준을 초과하는 오염물질의 배출 같은 환경법 위반의 적발이나 입증이 쉽지 않기 때문에 행정기관이 자발적으로 단속에 나서지 않는 한, 이미 환경오염피해가 발생했을 때, 가령 이웃주민이 민원을 제기할 때야 비로소 단속을 하게 되는 애로가 생긴다. 여기에 환경규제법규의 구속력이 수범자에 대한 관계에서는 내면화되지 못한 경우가 많다는 점, 행정기관의 단속이나 측정이 통상 그때그때 특정시점에 행해져서 사실상 장기간에 걸친 불법배출을 규제할 수 없다는 점,[13] 종종 기술적으로 판단하기 곤란한 오염원인 규명이 문제될 경우 전문인력을 동원할 수밖에 없는데, 인력·장비 및 예산상 제약을 받는 행정기관에 비해 (특히 대기업의 경우) 수범자가 우월한 능력을 갖는 경우가 적지 않다는 점, 소송지연을 통해 규제효과가 저지될 여지가 있다는 점 등의 여러 요인들이 가세함으로써 탈법행위의 여지는 (특히 영세업자나 중소기업보다는 대기업의 경우) 더욱 더 늘어나고 법집행이 수포로 돌아가는 결과가 생길 수 있다.

환경규제실패를 넘어서려면

환경문제도 그렇지만 환경규제의 실패를 극복하는 방안에도 만병통치약은 없다. 그러나 이제까지 논의 결과에 비추어보면 결론은 이미 주어져 있다. 환경법상 규제실패를 극복할 수 있는 방안은 첫째, 환경법의 적정성을 확보해야 하며, 둘째, 환경법의 복잡세분화에 따른 폐단을 제거하고 수범자의 환경법인식을 제고해야 하며, 셋째 환경법의 실효성을 제고하고 환경법의 비공식적 회피를 막을 수 있는 법제도적 장치가 요구되며, 그리고 환경분쟁에 대한 효과적인 권리구제수단이 필요하다는 것으로 귀결된다.

이 목표 달성을 위해서는 광범위한 환경법제의 개선·정비뿐만 아니라 일반적인 행정법제도의 개혁이 요구되며, 법해석론적 수준에서도 보다 적극적이고 진취적인 작업이 필요하다. 물론 이러한 과제들을 이야기하기는 쉽지만 그 실천은 대단히 어려운 것이 사실이다. 확고한 의지와 부단한 노력이 필요하다.[14]

주

1 http://www.greenpostkorea.co.kr/news/articleView.html?idxno=102245 "'미세먼지 사태'가 공포스러운 진짜 이유를 말한다".

2 한국보건사회연구원, 「사회통합 실태 진단 및 대응 방안 연구(IV)」 보고서 (2018.5.14.: http://kostat.go.kr/assist/synap/preview/synapview3738015. view.xhtml, p.44).

3 황사는 중국 몽골의 건조지대에서 강한 바람에 의해 높은 대기로 불어 올라 간 흙먼지가 바람을 타고 이동해 지상으로 떨어지는 자연현상이지만, 고농 도 미세먼지 발생은 자동차·공장·가정 등에서 사용하는 화석연료 사용으로 배출된 인위적 오염물질이 주요 원인이라는 점에서 차이가 있다(네이버 지 식백과 '황사와 미세먼지'(국가건강정보포털 의학정보, 국가건강정보포털): https://terms.naver.com/entry.nhn?docId=555 0467&cid=51004&category Id=51004).

4 장재연·장재연, "'미세먼지=중국'은 틀렸다, 환경부는 왜 국민을 속이나"(오 마이뉴스 2019년 2월 28일 자: http:// www.ohmynews.com/NWS_Web/ View/at_pg.aspx?CNTN_CD=A0002514331).

5 '규제'의 일반적·어의론적 의미에 관하여는 최영규(1993: 7 이하); Black's Law Dictionary(6th ed. 1990), 1286 등을 참조.

6 이에 관하여는 김유환(1994: 113~114); Sunstein(1990: 75~77) 참조.

7 이에 관하여는 일반적으로 최병선(1992: 66~93); Sunstein(1990: 47~73) 등 을 참조.

8 이에 관하여는 유제원·안문석·안광일·최성모·김정수(1995: 3~21) 참조.

9 지방자치단체의 환경사무 집행에 관한 실태조사는 지방자치제도가 본격적

으로 시행된 1995년부터 다양하게 이루어져 왔고, 특히 환경오염물질 배출업소 단속업무가 지방자치단체로 위임된 2003년 이후 단속업무 집행의 변화에 관한 연구도 지속적으로 이어졌다. 분석시점과 대상에 따라 환경사무 분권화 효과가 상이하게 나타나고 있는데, 위 보고서에 따르면, 이는 배출업소 단속업무에 대한 통계관리 주체와 자료 통합방식에 따른 문제로 볼 수 있다고 한다. 환경부 통계연감에서는 16개 광역시·도의 대기부문과 폐수부문을 구별하여 발표하고 있으나, 통계청 자료에는 광역시도뿐 아니라 기초자치단체의 배출업소 단속업무 자료가 포함되어 있고, 대기부문과 폐수부문의 자료가 구분되어 있지 않기 때문에 연구자들의 분석단위와 시점에 따라 결과가 다소 차이가 발생하고 있다는 것이다.

10 이에 관하여는 홍준형(1995); 박수혁(1993: 294~296) 등 참조.

11 Bender/Sparwasser, aaO, Rn.67.

12 앞의 ≪중앙일보≫ 1992년 6월 26일 자 사회면 기사 참조.

13 가령 배출허용기준에 의한 배출부과금제는 배출시의 농도만을 따지는 것이기 때문에 배출허용기준을 하회하도록 물로 희석하여 배출시키거나, 가스를 섞어 배출시키는 등의 탈법행위가 발생하게 되는데 이를 환경규제당국이 언제나 통제하거나 적발할 수 있는 것은 아니기 때문에 문제가 되는 것이다.

14 이상 환경규제 실패에 관한 설명은 홍준형(2021: 399~413. 제4부 환경법과 규제실패)을 수정·보완한 내용임을 밝혀둔다.

제4장
환경법 성공과 실패의 사례들

Sucess or Failure?
Case of Environmental Law in Korea

1. 환경영향평가법, 통과의례와 장애물경기 사이

환경영향평가제도는 사전배려의 원칙을 구현하는 환경법과 정책의 핵심적 메커니즘이자 정책도구이다. '갈등공화국'으로 불리는 우리나라 갈등의 대종을 이루는 것이 공공갈등이고 그 대부분이 환경영향을 둘러싼 갈등이라고 해도 과언이 아닐 만큼 환경영향평가제도의 중요성은 아무리 강조해도 지나치지 않을 것이다.

환경영향평가(Environmental Impact Assessment: EIA, Umweltverträglichkeitsprüfung: UVP)는 '사전배려' 또는 '예방'의 원칙에 배경을 둔 환경정책수단이다. 넓은 의미로는 정책(Policy), 계획(Plan), 프로그램(Program), 사업(Project) 등이 환경에 미칠 영향을 종합적으로 예측하고 분석·평가하는 과정으로, 환경파괴와 환경오염을 사전에 방지하여 환경적으로 건전하며 지속가능한 개발(Environmentally Sound and Sustainable Development, ESSD)을 달성하고자 하는 정책수단이다. 1992년 리우선언의 '원칙 4'는 "지속가능한 발전을 성취하기 위하여 환경보호는 개발과정의 중요한 일부를 구성하며 개발과정과 분리시켜 고려되어서는 아니 된다"고 요구한다. 환경영향평가는 개발과 환경의 통합을 구체화한 대표적인 제도적 수단이다.

환경보호법제가 아무리 잘 정비되어 있어도 환경에 해로운 영향을 미치는 요인들을 사전에 파악하여 통제할 수 있는 방법이 마련되지 않으면 실효적인 환경보전을 기대할 수 없고 오히려 불필요한 시간과 노력의 낭비를 낳을 뿐이다. 그런 배경에서 환경영향평가는 환경 위해요인을 사전에 예측·평가하여 저지 또는 완화방안을 강구할 수 있도록 해주는 매우 현명하고 효과적인 수단이다. 이것은 1969년 미국의 국가환경정책법(National Environmental Policy Act: NEPA)에서 도입된 사전예방원칙(precautionary doctrine)에 따른 제도로,[1,2] 개발계획의 수립 또는 공사시행에 앞서 개발자로 하여금 미리 당해 개발이 환경에 미치는 영향을 조사·평가하게 하여 사업계획 승인과정에서 대책을 마련토록 하거나 인·허가 심사에 반영하는 등 규제와 결부시키게 된다.[3]

당초 이 제도는 주로 정부사업 추진시 보사부와 협의의무를 부과하는 수준에 그쳤고 그나마 관계부처의 이해부족으로 사문화되다시피하다가, 1979년 발족된 환경청의 활동에 힘입어 마련된 1981년 「환경영향평가서 작성에 관한 규정」에 따라 1982년부터 시행되기 시작했다. 미국의 경우 당초 소극적이었던 환경보호청(EPA)의 태도에도 불구하고 이 제도가 주로 환경단체들의 영향력 행사와 의회의 이니시어티브로 도입, 활용되어 정부규제 측면 외에도 공공참여(public participation)의 측면이 부각되었다. 반면 한국에서는 주로 행정규제 목적 아래 도입·시행되다가, 여소야대 정국에서 우여곡절 끝에 1990년에 가서 비로소 주민참여기회를 부여하는 방향으로 제도 정비가 이루어졌다.

우리나라 환경영향평가제도는 환경부가 협의 주체가 되는 협의제도, 사업자를 환경영향평가 및 평가서 작성의무 주체로 했다는 점, 환경평가 대상 사업과 항목을 법률로 명시했다는 점, 평가서 전문 검토기관이 있다는 점이 특징이다.[4]

1993년 6월 11일 제정되어 6개월 이후부터 시행되기 시작한 「환경영향평가법」의 제정이유는 다음과 같다.

대규모 개발사업에 있어서의 환경영향을 평가·검토하여 당해 사업으로 인하여 환경에 미치는 해로운 영향을 최소화하도록 사업시행을 유도함으로써 개발과 보전을 합리적으로 조화시키고, 나아가 쾌적한 환경의 유지·조성을 목적으로 하는 환경정책기본법상의 환경영향평가와 관련된 조항을 분리·흡수하여 대폭 개선한 내용으로 따로 법률을 제정하려는 것임.

① 국가 및 지방자치단체 등이 환경에 영향을 미칠 수 있는 각종 정책이나 계획을 수립·시행하고자 할 때에는 반드시 환경영향을 고려하고, 이에 대한 대책을 강구하도록 함.

② 환경영향평가를 실시하여야 할 사업은 도시의 개발, 산업입지 및 공업단지의 조성, 에너지개발, 항만건설, 도로건설, 수자원개발 등 환경보전에 영향을 미치는 각종 사업으로 함.

③ 환경영향평가는 사업시행으로 영향을 받게 되는 자연환경, 생활환경 및 사회·경제환경 분야에 대하여 실시하도록 함.

④ 환경처장관 등은 환경영향평가에 대한 협의내용의 이행을 관리하기 위하여 사업자에게 자료를 제출하게 하거나 사업장에 대한 현지조사·확인을 할 수 있으며, 협의내용을 이행하지 아니한 사업자 등에 대하여 그 이행 또는 준수를 위한 공사중지 등 필요한 조치를 할 수 있도록 함.

또한 「환경영향평가법」 제1조(목적)은 "이 법은 환경에 영향을 미치는 계획 또는 사업을 수립·시행할 때에 해당 계획과 사업이 환경에 미치는 영향을 미리 예측·평가하고 환경보전방안 등을 마련하도록 하여 친환경적이고 지속가능한 발전과 건강하고 쾌적한 국민생활을 도모함을 목적으로 한다"고 규정하고 있다. 이 두 가지

근거만으로도「환경영향평가법」의 목표는 어렵지 않게 드러난다. 즉 '환경영향의 사전 예측·평가를 통한 친환경적이고 지속가능한 발전과 건강하고 쾌적한 국민생활의 도모'이다. 여기서 우리가 제기해야 할 질문은「환경영향평가법」은 과연 이러한 목표를 성공적으로 달성하고 있는가 하는 것이다.

「환경영향평가법」 또는 환경영향평가제도가 성공적으로 작동하기 위해서는 두 가지 조건이 필요하다. 하나는 과학기술·증거 기반성이고 다른 하나는 이해관계자·주민·시민사회와의 소통-합의형성이다. 먼저, 과학·기술 기반성은 전례 없는 수준으로 발달한 과학기술의 환경영향 분석 및 진단 역량, 환경영향 최소화를 위한 기술적 조치 능력, 환경영향에 대한 예측·평가 능력 등 과학기술 역량을 동원·활용하여 개발사업 등이 환경에 미칠 수 있는 해로운 영향을 사전배려의 관점에서 방어 또는 최소화할 수 있어야 한다는 것이다. 환경영향평가법 제정이유에서 밝힌 "환경영향을 평가·검토하여 당해 사업으로 인하여 환경에 미치는 해로운 영향을 최소화하도록 사업시행을 유도함으로써 개발과 보전을 합리적으로 조화시키고, 나아가 쾌적한 환경의 유지·조성한다"는 목표, 그리고「환경영향평가법」 제1조에 규정된 "환경에 영향을 미치는 계획 또는 사업을 수립·시행할 때에 해당 계획과 사업이 환경에 미치는 영향을 미리 예측·평가하고 환경보전방안 등을 마련"한다는 것은 바로 그와 같은 조건을 반영·구현한 것이라 할 수 있다.

두 번째 조건은 사업자와 이해관계자·주민·시민사회 사이의 숙의와 소통, 토론을 통한 합의 형성이 필요하다는 것이다. 이 조건은 미국 등에서 환경영향평가제도가 발전한 배경과 연관되어 있다. 우리나라 역시 도입 초기부터 이러한 소통과 합의형성 측면을 부분적으로 반영해왔고 특히 공고·공람 절차를 통한 주민의견 수렴, 주민설명회, 공청회 절차를 통하여 그리고 그 과정에 대한 주민접근성을 제고하기 위한 장치를 증강해왔으나, 여전히 이 부분의 작동부전으로 인한 폐해로 시달리고 있다.

다른 한편 환경영향평가제도가 아무리 잘 완비되어 있다 할지라도 그것을 둘러싼 갈등과 분쟁이 재판 등 사법과정을 통해 해결될 수 있어야 하고 또 그 과정에서 사법부의 법적 판단이 환경영향평가의 제도적 취지를 지지하는 결과를 기대할 수 있어야 한다.

환경영향평가제도는 사법부가 환경소송을 통해 환경정책과정에 영향을 미치는 통로 역할을 하게 된다. 특히 환경문제에 대한 법원의 태도에 따라 환경영향평가제도의 효용과 실효성이 좌우될 수 있다(홍준형, 2021: 79~80).

미국의 경험은 그 점을 잘 보여준다. '환경의 시대'였던 1970년대에는 고속도로건설, 댐건설사업 시행이나, 원자력발전소조업허가 등과 같이 연방정부가 자금지원프로젝트나 정부규제사업을 시행하기 전에 환경영향평가서(environmental impact statement: EIS)를 작성하도록 의무화한 국가환경정책법(NEPA)과 관련된 소송사건들이 크게 증가했다. 연방법원들은 이들 소송사건에서 관계행정기관들이 그와 같은 사업계획들의 모든 면을 레벤탈(Leventhal) 판사의 엄격심사(hard look)[5]를 제대로 준수했다는 사실을 입증해야 한다고 주장하면서 매우 엄격한 입장을 취했고 다른 주법원들 역시 이해관계인들의 절차적 참여기회를 보장하기 위해 엄격한 태도를 견지했다. 그러나 1970년대 말 연방대법원은 종전의 판례들을 번복하면서 환경정책기본법의 적용범위를 축소하기 시작했다. 버몬트양키 판결(Vermont Yankee v. NRDC, 1978)에서 연방대법원은 환경문제를 부적절하게 취급했다는 이유로 원자력규제위원회(Nuclear Regulatory Commission: NRC)의 결정을 반려한 컬럼비아특별구 순회법원(District of Columbia Circuit Court)이 내린 두 건의 판결을 만장일치로 파기했다. 이 사건에서 렌퀴스트 대법관(Justice William H. Rehnquist)은 순회법원이 원자력규제위원회의 재량권을 침해하고 자신의 정책적 선호를 전문가위원회의 그것에 우선시켰다는 이유를 들어 순회법원을 질책했다. 이와 같이 자신들의 판결이 연방대법원에 따라 번번이 파기됨에 따라 연방법원들은 환경영향평가서의 작성을 일종의 서면절차(paper exercise)로 취급하기에 이르렀다. 그들은 일반적으로 환경영향평가서 작성의무의 준수 사실만 인정되면 정부의 사업계획들의 적법성을 인정하는 경향을 보였다. 그 결과 1980년대 들어 환경단체들이 오염통제와 자연자원관리 문제에 집중

하게 됨에 따라 국가환경정책법 사건의 수가 극적으로 감소하게 되었다. 이처럼 법원이 환경영향평가제도에 대하여 어떠한 태도를 취하느냐에 따라 그 제도의 효용과 실효성에 영향이 미칠 수밖에 없다.

환경영향평가는 종이호랑이?

「환경영향평가법」의 목적이 성공적으로 달성되고 있는지는 불분명하다. 환경영향평가제도의 두 가지 핵심적 성공요인(critical success factor) 중 하나인 의견수렴이 기대한 만큼 원활히 작동되지 않는다는 점이 가장 두드러진 문제지만, 첫 번째 성공요인, 즉 과학기술·증거 기반성도 문제가 없는 것은 아니다. 특히 우리나라 「환경영향평가법」은 환경영향평가서를 사업자가 작성, 제출하도록 하고 환경영향평가의 대행을 허용하고 있기 때문에 환경영향평가를 실시하는 대행기관과 환경영향평가 대행비용을 지급하는 사업자가 사실상 주인-대리인 관계에 놓일 수 있는 여지를 배제하기 어렵다는 점에서 환경영향평가의 객관성 문제가 생길 수 있다. 또한 일부 대규모 국책사업의 경우 정부나 사업주체들이 환경영향평가의 결과를 의사결정에 충실히 반영하지 않거나 사실상 회피하는 일도 드물지 않게 발생한 것이 사실이다. 더욱이 다음에 보는 바와 같이 환경영향평가가 부실해도 환경영향평 협의의 구속력이 인정되지 않아 사업 승인에 결정적 영향을 미치지 못하는 법리적 한계로 말미암아 환경영향평가의 제도 취지를 살리기 어렵게 만들

소지가 있다는 점도 환경영향평가제도의 실효성을 훼손하는 문제점이다.

무엇보다도 환경영향평가를 실시해야 하는 개발사업(대상사업)을 추진함에 있어 환경영향평가를 거치고 또 그 결과, 특히 환경부 장관의 협의결과를 충실히 반영하지 않으면 안 된다는 법의식이 확고히 뿌리내릴 수 있도록 선례를 축적하는 것이 필요하다. 그런 뜻에서 강원도 양양 오색케이블카 사업에 대한 환경영향평가를 둘러싼 분쟁은 환경영향평가의 효능을 가늠해 볼 수 있는 하나의 시금석이 될 것으로 전망된다.

지방자치단체와 지역주민, 환경단체 사이에 오색케이블카 설치사업에 대한 환경영향평가를 둘러싸고 행정심판과 소송, 국민권익위원회의 민원 조정 등 다양한 다툼이 5년간 치열하게 벌어지고 있다. 양양군의 숙원사업인 오색케이블카 사업은 약수로 잘 알려진 오색지구에서 설악산 대청봉 인근 봉우리인 끝청까지 3.5㎞에 걸쳐 계획되어 우여곡절 끝에 2015년 8월 조건부 허가가 났으나, 산양서식지 보존 등 여러 이유로 착공하지 못했다. 환경부는 2019년 9월, 환경에 좋지 않은 영향을 준다는 이유로 '부동의' 결정을 내렸으나, 강원도와 양양군이 2020년 12월 중앙행정심판위원회의 행정심판에서 인용재결을 받아 사업 재개의 기회를 얻었다. 이에 환경부가 원주지방환경청을 통해 환경영향평가 재보완을 다시 요구하자, 양양군이 권익위에 또다시 행정심판을 청구하였다. 이후 양양군이 국민권익위원회에 제기한 오색케이블카에 대한 민원 조정 절차가 개시되어 현재까지 진행되고 있다. 2021년 12월 서울행정법원(행정12부)은 환경단체 등이 중앙행정심판위원회를 상대로 낸 환경영향평가 부동의 협의의견 통보취소재결 취소소송을 각하하였다. 임기가 얼마 남지 않은 현 정부에서는 사실상 결론이 나기 어려워 2022년 대선이 분수령이 되리라는 전망이 나오는 가운데 이 문제가 어떻게 해결될지 귀추가 주목되고 있다.

환경영향평가, 의견수렴이 잘 안 된다?

환경영향평가에 대해서는 특히 의견수렴 절차의 문제점으로 지적되어왔다. 환경부가 나서 환경영향평가법 개정을 통해 의견 수렴 절차를 거듭 개선해온 점도 이러한 비판들과 결코 무관하지 않을 것이다.

무엇보다도 환경영향평가법이 주민의견 수렴을 위해 제공하는 주된 수단인 공청회가 주민 등의 방해로 공청회가 무산되거나 실시되더라도 파행을 면치 못하고 때로는 형식적 통과의례로 끝나는 등 주민과 의미 있는 소통을 통해 환경에 대한 해로운 영향을 최소화시킨다는 환경영향평가제도 본연의 취지를 살리지 못하는 일이 빈번하다는 것이 가장 심각한 문제이다. 아울러 공청회를 사업자가 주관하니 주민이나 전문가의 의견이 결국 사업자의 판단대로 처리되는 경향이 있고 공청회 진행이 쌍방향적인 토의보다는 각각의 진술과 답변이 일회성에 그친다는 점도 공청회 운영의 문제점으로 지적되고 있다(조공장·주용준, 2015: 44). 사실 주민들이나 행정관료들 모두 주민의견수렴 절차를 사업을 밀어붙이기 위해 그 전에 임박해서 일종의 통과의례로 거치는 일회성 요식절차로 인식하는 것이 문제이다. 우리나라 환경영향평가 제도에서 주민참여는 일회성 행사로 인식되고 있어, 평가서 초안을 대상으로 주민의견을 수렴하면 더 이상 주민의견을 수렴하지 않아도 된다고 인식하고 있다는 지적이 나오는 이유이다(이상윤·주용준, 2016: 26).

환경영향평가법이 제공하는 또 다른 의견수렴방식인 설명회 역시 그 운영현황을 볼 때, 설명회에서 사업계획 변경에 대한 책임이 없는 자가 답변함으로써 주민의 의견에 대응하기 어렵고, 설명회의 내용이 어려워서 주민들이 이해하기 어렵다는 점이 문제점으로 거론되고 있다(조공장·주용준, 2015: 44).

한편, 주민의 방해 등으로 설명회 및 공청회가 무산된 경우에 생략할 수 있도록 한 제13조, 전략환경영향평가 때 주민의 의견을 수렴한 경우에는 환경영향평가 시 주민참여를 생략할 수 있도록 한 제25조를 둘러싼 논란이 있다(조공장·주용준, 2015: 45).

개선방안은 다양하지만, 공청회의 경우 사업자가 주관하는 일회성 행사로 끝나지 않고 그 주관자나 수행방식 면에서 공정한 소통과 숙의가 이루어질 수 있도록 보장하는 방안이 중요할 것이다. 그런 맥락에서 사업자가 아닌 협의기관(또는 승인기관)이 사업자와 주민 등의 견해 차이를 듣는 자리로 자리매김하고(즉 협의기관이 또는 승인기관이 주관할 것), 공청회 진행을 사업자와 주민의 토의를 반복하여 논점을 명확히 하는 운영방안 등이 제시되고 있다(조공장·주용준, 2015: 44).

설명회의 경우에도 설명회에 사업자 내부의 책임 있는 자가 답변에 나서도록 하고, 환경영향평가 해설사 또는 환경영향평가 상담창구를 마련하는 방안 등이 주장된다(조공장·주용준, 2015: 45).

의견수렴절차의 생략 문제에 대한 개선방안은 크게 두 가지로 나뉜다. 먼저 제13조와 관련하여서는 설명회 공청회가 무산된 경우에 화상회의를 개최하거나 승인기관 주최의 의견수렴회를 개최하는 등의 대체수법을 마련해야 하고, 제25조와 관련하여서는 전략환경영향평가와 환경영향평가의 성격이 다르므로 중복되지 않는 것에 대해서는 의견수렴이 가능하도록 해야 한다는 것이다.

전략환경영향평가

전략환경영향평가의 문제점으로는 운영 측면에서 평가기간의 장기간 소요, 환경평가서의 작성 및 검토 내용의 차별성 부족, 계획 단계를 고려하지 않은 정보 요구, 전략환경영향평가와 환경영향평가 단계의 협의기능 모호성 등이 거론된다. 대안 설정과 관련해서는 체계적 대안 검토 미흡, 대안 설정 시기가 늦다는 점, 제3의 대안 부족 등이(사공희 외, 2018: 142~143), 환경영향평가협의회와 관련해서는 서면평가 위주, 천편일률적 평가준비서 등 부실 운영, 환경정보 제공 및 대안설정 기능 미흡, 전략환경영향평가 단계 및 환경 영향평가 단계에서 협의회 차별성 부족(사공희 외, 2018: 146~147), 그리고 주민참여 측면에서는 주민의견의 실효성 부족, 주민참여 방법론 부재, 승인기관의 역할 부족(사공희 외, 2018: 147~148) 등이 문제점으로 지적된다.

소규모 환경영향평가도 문제

최근 소규모 환경영향평가를 진행한 사업 수가 크게 증가하고 있으나, 실제로 환경훼손이나 환경영향이 크게 발생할 것으로 예상됨에도 불구하고 면적 기준에 따라 소규모 환경영향평가만을 실시하는 경우도 증가하고 있어 문제가 되고 있다. 가령 연접개발사업은 전체적으로 환경영향평가 대상 규모 이상임에도 불구하고 개별적으로는 소규모 환경영향평가를 실시하여 주민공람 및 의견수렴 절차나 사후환경영향조사를 면하는 경우가 적지 않고, 양호하게 보전된 농경지나 산림, 저수지와 연접한 생태민감지역에서의 대규모 주거시설 조성을 위한 지구단위계획의 경우, 도시지역에서 시행된다는 사유로 소규모 환경영향평가만을 실시하여 규제를 피하는 편법적 수단으로 활용된다는 문제가 있다(이상범·하지연, 2018: 29).

또한 사회적으로 문제가 되고 있는 육상태양광발전을 포함한 재생에너지개발사업과 도시개발사업의 소규모 환경영향평가 사례를 중심으로 하여 대규모 개발사업임에도 불구하고 환경영향평가협의회나 주민의견 수렴 없이 간략하게 소규모 환경영향평가만을 실시하여 공사 시와 운영 시 사후환경영향조사를 면하는 문제라든가, 「산지관리법 시행령」 등에서 확인할 수 있듯이 명목상으로는 환경영향평가 실시를 사유로 주민동의나 의견수렴 절차를 면제해주지만 정작 소규모 환경영향평가를 실시할 경우 주민의견수렴 절차가 생략되어 법 취지와 상반되는 결과를 피하기 어렵다는 문제가 지적되고 있다.

소규모 환경영향평가 대상인 토석채취허가의 경우 「산지관리법 시행령」 제36조 제3항에 따르면 일부 생활환경민감지역에서 이루어지는 사업에 대해서는 주민 동의를 구하도록 되어 있으나 환경영향평가법에 따른 소규모환경영향평가를 거친 경우는 제외한다고 명시되어 있어(같은 항 제3호), 소규모 환경영향평가에서 주민공람이나 의견수렴이 이루어지지 않고 있음을 고려할 때 사업추진 과정에서 주민의견수렴절차는 생략되는 결과가 된다.

환경영향평가소송, 용두사미?
환경영향평가법은 입법과 행정뿐만 아니라 재판이라는 사법과정을 통해 뒷받침되어야 비로소 그 규범적 구속력을 발휘할 수 있다. 환경법의 성패에 사법의 역할이 관건이 되는 대표적인 사례가 바로 환경영향평가이다. 그러나 대법원의 판례를 보면 전망은 그리 밝지 않다. 환경영향평가가 '종이호랑이', '용두사미'라는 비아냥거림을 받는 이유이다.

첫째, 환경영향평가를 거쳐야 할 대상사업에 대하여 환경영향평가를 거치지 아니하고 나아가 환경부장관과의 협의도 하지 않은 채 한 승인 등 처분은 당연무효이다. 둘째, 환경영향평가서의 내용이 환경영향평가제도를 둔 입법 취지를 달성할 수 없을 정도로 심히 부실하다는 등의 특별한 사정이 있는 경우, 그에 따른 승인 등의 처분은 위법하다. 셋째, 첫째와 둘째 경우 이외에는 환경부장관과의 협의를 거친 이상, 환경영향평가서의 내용이 부실하거나 승인기관의 장이 환경부장관의 환경영향평가에 대한 의견에 반하는 처분을 했다고 해도 그 처분이 위법하다고 할 수는 없다. 넷째, 환경영향평가의 내용이 다소 부실하다 하더라도, 그 부실의 정도가 환경영향평가제도를 둔 입법 취지를 달성할 수 없을 정도이어서 환경영향평가를 하지 아니한 것과 다를 바 없는 정도의 것이 아닌 이상 그로 인해 승인 등 처분이 위법하게 되는 것이 아니지만, 그 부실은 당해 승인 등 처분에 재량권 일탈·남용의 위법이 있는지 여부를 판단하는 하나의 요소가 된다. 다섯째, 환경영향평가의 절차상 하자는 승인 등을 받아야 하는 사업계획 등의 경우에는 하자의 경중에 따라 다르겠지만 승인 등 처분을 위법하게 만드는 사유가 될 수 있고, 승인 등을 받지 아니하여도 되는 사업계획 등의 경우에는 하자에 관한 일반법리에 따라 그 위법여부를 판단할 수밖에 없을 것이다.

환경영향평가제도는 행정소송을 통한 뒷받침이 없이는 그 실효를 기하기 어렵다. 특히 법원이 환경영향평가제도에 대하여 어떠한 태도를 취하느냐에 따라 그 제도적 효용과 실효성이 달라질 수밖에 없다. 이와 같은 관점에서 환경영향평가에 관한 행정소송에서 제기된 주요 법적 쟁점 가운데 특히 원고적격, 처분성, 그리고 환경영향평가의 하자와 승인 등의 위법무효 여부와의 관계 문제 등을 중심으로 이에 관한 대법원 판례와 학설을 통해 분석, 검토해 보았다. 그 결과 원고적격에 관한 한 환경영향평가지역 거주여부에 지나치게 얽매이지 아니 하고 환경상 이익의 침해 가능성을 실질적으로 판단해야 할 필요가 있으며, 대상지역 결정과 처분성 의 인정범위 및 여부 등에 관한 불확실성이 존재한다는 점을 확인할 수 있었다. 그리고 환경영향평가의 구속력과 관련하여 대법원이 대상사업에 대한 환경영향평가를 거치지 아니하거나 환경부장관과의 협의도 하지 않은 채 한 승인 등 처분은 당연무효라고 보면서도 평가서의 내용이 환경영향평가제도를 둔 입법 취지를 달성할 수 없을 정도로 심히 부실하다는 등의 특별한 사정이 없는 한, 환경부장관과의 협의를 거쳤다면, 평가서의 내용이 부실하거나 승인

기관의 장이 환경부장관의 환경영향평가에 대한 의견에 반하는 처분을 했다고 해도 그 처분이 위법하다고 할 수는 없다는 입장을 취하고 있음을 밝혔다. 이는 법원만의 책임은 아니고 입법설계상의 제약과 그에 따른 법해석상의 한계에서 비롯된 결과이기는 하지만, 환경영향평가제도의 실효성을 크게 저하시키는 결과를 초래하고 있다는 점에서 심각한 문제점으로 검토해보아야 할 것이다. 무엇보다도 사업계획 등과 관련한 핵심적인 환경영향에 대해서는 법원이 '엄격심사(hard look)'의 잣대를 적용하여 심사함으로써 평가의 내용이 환경영향평가제도를 둔 입법 취지를 달성할 수 없을 정도로 심히 부실하다는 등의 특별한 사정을 적극적으로 구체화해나가려는 자세가 필요하다. 이와 같은 환경영향평가에 대한 엄격심사의 원칙이 확립되지 않으면 적지 않은 비용과 시간, 노력, 그리고 결코 용이하지 않은 갈등을 겪으면서도 환경영향평가가 자칫일종의 요식절차나 사업자의 면죄부로 전락하고 그 자체가 또 다른 갈등을 발생시키는 대단히 바람직하지 못한 결과가 될 수 있기때문이다.

환경영향평가를 둘러싼 행정소송

환경영향평가의 하자가 행정소송에 있어 승인 등 처분의 효력에 어떠한 영향을 미치는지는 이를 환경영향평가를 거치지 않고 승인 등 처분을 한 경우, 부실한 환경영향평가에 따라 승인 등 처분을 한 경우, 그리고 환경영향평가에 절차적 하자가 있는 경우 그에 따른 승인 등 처분의 효력, 세 가지로 나누어 볼 수 있다.

환경영향평가를 거치지 않고 한 승인 등 처분의 효력

환경영향평가법에서 정한 환경영향평가 대상사업에 대하여 환경영향평가를 거치지 아니하고 나아가 환경부장관과의 협의도 하지 않은 채 승인 등 처분을 한 경우, 대법원은 비교적 일관되게 그와 같은 처분이 위법하며 그러한 처분의 하자는 법규의 중요한 부분을 위반한 중대한 것이고 객관적으로도 명백한 것이어서 당연무효라고 판시해왔다.

구 환경영향평가법(1999.12.31. 법률 제6095호 환경·교통·재해 등에 관한 영향평가법 부칙 제2조로 폐지) 제1조, 제3조, 제9조, 제16조, 제17조, 제27조 등의 규정 취지는 환경영향평가를 실시하여야 할 사업(이하 '대상사업'이라 한다)이 환경을 해치지 아니하는 방법으로 시행되도록 함으로써 당해 사업과 관련된 환경공익을 보호하려는 데 그치는 것이 아니라, 당해 사업으로 인하여 직접적이고 중대한 환경피해를 입으리라고 예상되는 환경영향평가대상지역 안의 주민들이 전과 비교하여 수인한도를 넘는 환경침해를 받지 아니하고 쾌적한 환경에서 생활할 수 있는 개별적 이익까지도 보호하려는 데에 있는 것이다. 그런데 환경영향평가를 거쳐야 할 대상사업에 대하여 환경영향평가를 거치지 아니했음에도 불구하고 승인 등 처분이 이루어진다면, 사전에 환경영향평가를 함에 있어 평가대상지역 주민들의 의견을 수렴하고 그 결과를 토대로 하여 환경부장관과의 협의내용을 사업계획에 미리 반영시키는 것 자체가 원천적으로 봉쇄되는바, 이렇게 되면 환경파괴를 미연에 방지하고 쾌적한 환경을 유지·조성하기 위하여 환경영향평가제도를 둔 입법 취지를 달성할 수 없게 되는 결과를 초래할 뿐만 아니라 환경영향평가대상지역 안의 주민들의 직접적이고 개별적인 이익을 근본적으로 침해하게 되므로, 이러한 행정처분의 하자는 법규의 중요한 부분을 위반한 중대한 것이고 객관적으로도 명백한 것이라고 하지 않을 수 없어, 이와 같은 행정처분은 당연무효이다.[6]

부실한 환경영향평가와 그에 따른 승인 등 처분의 효력

반면, 대법원은 환경영향평가를 거친 이상 그 내용이 다소 부실하다 하더라도, 그 부실의 정도가 환경영향평가제도를 둔 입법 취지를 달성할 수 없을 정도이어서 환경영향평가를 하지 아니한 것과 다를 바 없는 정도의 것이 아닌 이상, 그 부실은 당해 승인 등 처분에 재량권 일탈·남용의 위법이 있는지 여부를 판단하는 하나의 요소로 됨에 그칠 뿐, 그 부실로 인하여 당연히 당해 승인 등 처분이 위법하게 되는 것이 아니라고 판시하여 부실한 환경영향평가에 관해서는 다소 법적 통제를 완화하는 태도를 보였다. 실례로 한국고

속철도건설공단의 경부고속철도 서울차량기지 정비창 건설사업에
관한 환경영향평가 내용의 부실의 정도가 환경영향평가제도를 둔
입법 취지를 달성할 수 없을 정도이어서 환경영향평가를 하지 아니
한 것과 다를 바 없는 정도의 것은 아니라는 이유로 위 사업의 실시
계획의 승인처분이 위법하지 아니하다고 한 사례가 있다.

구 환경영향평가법(1997.3.7. 법률 제5302호로 개정되기 전의 것)
제4조에서 환경영향평가를 실시하여야 할 사업을 정하고, 그 제16조
내지 제19조에서 대상사업에 대하여 반드시 환경영향평가를 거치도
록 한 취지 등에 비추어 보면, 같은 법에서 정한 환경영향평가를 거
쳐야 할 대상사업에 대하여 그러한 환경영향평가를 거치지 아니했
음에도 승인 등 처분을 했다면 그 처분은 위법하다 할 것이나, 그러
한 절차를 거쳤다면, 비록 그 환경영향평가의 내용이 다소 부실하다
하더라도, 그 부실의 정도가 환경영향평가제도를 둔 입법 취지를 달
성할 수 없을 정도이어서 환경영향평가를 하지 아니한 것과 다를 바
없는 정도의 것이 아닌 이상 그 부실은 당해 승인 등 처분에 재량권
일탈·남용의 위법이 있는지 여부를 판단하는 하나의 요소로 됨에 그
칠 뿐, 그 부실로 인하여 당연히 당해 승인 등 처분이 위법하게 되는
것이 아니다.[7]

한편 대법원은 다음에 보는 바와 같이, 환경영향평가를 거쳐야

할 대상사업에 대하여 처분이 이루어진 경우, 법원으로서는 먼저 구 환경영향평가법에 따라 환경영향평가절차가 제대로 진행되었는지 여부와 환경영향평가절차가 제대로 진행되었다면 환경영향평가서를 기초로 환경영향평가의 내용이 부실한지 여부를 따져야 하고, 만약 환경영향평가의 내용이 부실하다면 그 부실의 정도가 환경영향평가제도를 둔 입법 취지를 달성할 수 없을 정도이어서 환경영향평가를 하지 아니한 것과 다를 바 없는 정도인지 여부, 그 부실의 정도가 환경영향평가제도를 둔 입법 취지를 달성할 수 없을 정도에 이르지 아니한 경우에는 그 부실로 인하여 당해 처분에 재량권 일탈·남용의 위법이 있는지 여부 등을 심리하여 그 결과에 따라 당해 처분의 적법 여부를 판단하여야 한다고 판시하고 있다.

구 환경영향평가법 제4조에서 환경영향평가를 실시하여야 할 사업을 정하고, 그 제16조 내지 제19조에서 대상사업에 대하여 반드시 환경영향평가를 거치도록 한 취지 등에 비추어 보면, 같은 법에서 정한 환경영향평가를 거쳐야 할 대상사업에 대하여 그러한 환경영향평가를 거치지 아니했음에도 승인 등 처분을 했다면 그 처분은 위법하다 할 것이나, 그러한 절차를 거쳤다면, 비록 그 환경영향평가의 내용이 다소 부실하다 하더라도, 그 부실의 정도가 환경영향평가제도를 둔 입법 취지를 달성할 수 없을 정도이어서 환경영향평가를 하지 아니한 것과 다를 바 없는 정도의 것이 아닌 이상 그 부실은 당해 승인 등 처분에 재량권 일탈·남용의 위법이 있는지 여부를 판단하는 하나의 요소로 됨에 그칠 뿐, 그 부실로 인하여 당연히 당해 승인 등 처분이 위법하게 되는 것이 아니다(대법원 2001.6.29. 선고 99두9902 판결 참조).

그러므로 구 환경영향평가법에 따라 환경영향평가를 거쳐야 할 대상사업에 대하여 처분이 이루어진 경우 법원으로서는 먼저 구 환경영향평가법에 따라 환경영향평가절차가 제대로 진행되었는지 여부와 환경영향평가절차가 제대로 진행되었다면 환경영향평가서를 기초로 환경영향평가의 내용이 부실한지 여부를 따져야 할 것이고, 만약 환경영향평가의 내용이 부실하다면 그 부실의 정도가 환경영향평가제도를 둔 입법 취지를 달성할 수 없을 정도이어서 환경영향평가를 하지 아니한 것과 다를 바 없는 정도인지 여부, 그 부실의 정도가 환경영향평가제도를 둔 입법 취지를 달성할 수 없을 정도에 이르지 아니한 경우에는 그 부실로 인하여 당해 처분에 재량권 일탈·남용의 위법이 있는지 여부 등을 심리하여 그 결과에 따라 당해 처분의 적법 여부를 판단하여야 할 것이다.[8]

또한 대법원은 국립공원 관리청이 국립공원 집단시설지구개발사업과 관련하여 그 시설물기본설계 변경승인처분을 하면서 환경부장관과의 협의를 거친 이상, 환경영향평가서의 내용이 환경영향평가제도를 둔 입법 취지를 달성할 수 없을 정도로 심히 부실하다

는 등의 특별한 사정이 없는 한, 공원관리청이 환경부장관의 환경
영향평가에 대한 의견에 반하는 처분을 했다고 하여 그 처분이 위
법하다고 할 수는 없다고 판시한 바 있다.[9]

또 하급심판결 중에는 환경영향평가서에 일부 오기나 누락이 있
는 정도의 내용상 부실이 있는 경우, 그로 인하여 환경영향평가제
도를 둔 입법 취지를 달성할 수 없을 정도여서 환경영향평가를 하
지 않은 것과 같다고 보기 어려울 뿐만 아니라 그러한 환경영향평
가를 기초로 한 국토이용개발계획변경결정과 골프장 사업계획변
경승인에 재량권을 일탈하거나 남용한 위법이 있다고 볼 수 없다
고 한 사례가 있다.[10]

절차적 하자

환경영향평가가 앞에서 살펴본 절차에 따라 이루어지지 못한 흠
이 있는 경우, 가령 의견수렴절차에 흠이 있는 경우, 그것이 환경
영향평가의 적법성, 사업계획 등의 효력에 미치는 영향, 나아가서
는 (승인 등을 받아야 하는 사업자의 경우) 그에 따른 승인 등 처분의
효력에 어떤 영향을 주는지 여부가 문제된다. 이에 대해서는 국내
문헌상 이렇다 할 논의가 없으나, 일반 행정절차법상 절차적 하자
와 처분의 효력에 관한 문제와 근본적으로 다른 점은 없다고 볼 수
있다. 다만, 승인 등을 받지 아니하여도 되는 사업계획 등에 있어
환경영향평가의 절차적 하자가 그 사업계획 등의 효력에 어떤 영

향을 미치는지는 그 처분성을 인정할 수 없다면, 행정절차법상 처분절차의 범위를 넘어서는 문제가 될 것이고, 승인 등을 받아야 하는 경우에는 환경영향평가의 절차적 하자가 최종단계에서 행해지는 승인 등 처분의 효력에 어떤 영향을 미치는가 하는 문제가 될 것이다.

한편, 환경영향평가에 있어 의견수렴 절차를 거치지 않은 경우 그 법적 효과에 관해서는 서울행정법원의 판결이 주목된다. 서울행정법원은 군산화력발전소 부지에 건립하는 복합화력발전소 공사계획 인가처분에 환경영향평가 대상지역에 포함되는 서천군 주민들의 의견수렴 절차를 거치지 않고 온배수의 영향에 관한 예측의 충실성이 떨어지는 등 환경영향평가의 시행에서 다소 부실하게 이루어진 하자가 있음을 인정하면서도, 그 하자가 중대·명백하다고 볼 수 없어 취소사유에 불과하고, 위 처분을 취소하는 것이 오히려 현저히 공공복리에 적합하지 않다고 보아 사정판결을 했다.

[1] 검은머리물떼새는 자연물이고, 비록 자연물에 대한 보호의 필요성이 크다고는 하나 자연 내지 자연물 자체에 대하여 당사자능력을 인정하고 있는 현행 법률이 없으며, 이를 인정하는 관습법도 존재하지 않으므로, 복합화력발전소 공사계획 인가처분에 대한 검은머리물떼새의 취소 또는 무효확인을 구하는 소는 당사자적격

을 인정할 수 없어 부적법하다고 한 사례.

[2] 군산화력발전소 부지에 건립하는 복합화력발전소 공사계획 인가
처분에 군산시 주민들을 상대로 한 의견수렴 절차만 이루어지고
환경영향평가 대상지역에 포함되는 서천군 주민들의 의견수렴 절
차를 거치지 않고 온배수의 영향에 관한 예측의 충실성이 떨어지
는 등 환경영향평가의 시행에서 다소 부실하게 이루어진 하자가
있으나, 군산시 주민들에 대한 의견수렴 절차를 거친 점, 환경영
향의 평가 항목 대부분의 대상지역이 발전소 주변지역이나 해역
으로 설정되어 있어 서천군이 그 범위에 포함되어 있는지 여부가
명백한 것은 아닌 점, 그 부실의 정도가 환경영향평가제도를 둔
입법 취지를 달성할 수 없을 정도이어서 환경영향평가를 하지 않
은 것과 다를 바 없을 정도라고 보기 어려운 점 등에 비추어, 그 하
자가 중대·명백하다고 볼 수 없어 취소사유에 불과하고, 위 처분
을 취소할 경우 전력수급기본계획에 따른 안정적인 전력공급에
차질이 생길 수 있는 점, 상당한 기간 동안 막대한 자금이 투입된
복합화력발전소가 무용지물이 됨으로써 적지 않은 사회적 손실이
예상되는 점 등에 비추어, 위 처분을 취소하는 것이 오히려 현저
히 공공복리에 적합하지 않다고 보아 사정판결을 한 사례.[11]

2. 인센티브의 환상

배출부과금은 결국 준조세?

일반적으로 배출부과금(emission charge or effluent charges)은 일반적으로 일정한 기준을 초과하는 공해배출량이나 잔류량에 대하여 부과되는 금전적 부담을 말한다. 보통 오염물질 배출량에 단위당 일정 금액을 곱하여 산정되는데, 금전적 급부의무를 부과하여 피규제자들에게 오염물질 배출을 회피 또는 감축할 유인을 제공한다는 아이디어에 입각한 환경정책수단이다.

배출부과금의 부과는 금전적 급부의무 부과라는 점에서 일견 조세부과와 비슷하여 공해배출세(emission taxes)라고도 불리지만 배출허용기준을 초과하는 오염물질 배출에 대한 행정제재라는 점에서 조세와 다르다. 가령 「대기환경보전법」(§ 35), 「물환경보전법」(§ 41) 등이 배출허용기준을 초과하여 배출되는 오염물질로 인한 환경상의 피해를 방지하고 배출허용기준의 준수를 확보하기 위하여 그 배출허용기준을 초과하여 오염물질을 배출하는 업체에 대하여 대통령령으로 정하는 바에 따라 오염물질의 종류·배출기간·배출량 등을 기준으로 산정한 배출부과금을 부과하도록 한 것이 대표적인 예이다. 이들 분야별 환경법에 따른 배출부과금은 의무위반자에게 부과하는 금전적 제재로서 일종의 과징금의 성격과 시장유인 규제수단으로서 작동한다.

배출부과금은 환경부장관이 부과·징수하는데, 그 대상은 대기분야의 경우, 대기오염물질로 인한 대기환경상의 피해를 방지하거나 줄이기 위하여 대기오염물질을 배출하는 사업자(제29조에 따라 공동 방지시설을 설치·운영하는 자를 포함)와 허가·변경허가를 받지 아니하거나 신고·변경신고를 하지 아니하고 배출시설을 설치 또는 변경한 자이고(「대기환경보전법」§ 35 ①), 수질분야의 경우, 수질오염물질로 인한 수질오염 및 수생태계 훼손을 방지하거나 감소시키기 위하여 수질오염물질을 배출하는 사업자(공공폐수처리시설, 공공하수처리시설 중 환경부령으로 정하는 시설을 운영하는 자를 포함한다) 또는 허가·변경허가를 받지 아니하거나 신고·변경신고를 하지 아니하고 배출시설을 설치하거나 변경한 자가 된다(「물환경보전법」§ 41 ①).

배출부과금은 배출허용기준 초과여부, 배출되는 오염물질의 종류, 오염물질의 배출량 등을 고려하여 초과배출부과금(초과부과금)과 기본배출부과금(기본부과금)으로 구분하여 부과하도록 되어 있다(「대기환경보전법」§ 35 ②; 동 시행령 § 24 ①; 「물환경보전법」§ 41 ②: 동 시행령 § 41 ①).

종래의 배출부과금제도는 배출허용기준이란 규제기준의 설정과 부과금이란 경제유인적 규제방식을 결합시킨 일종의 초과배출부과금제(non-compliance charge system)였다. 이는 배출부과금이라는 경제적 유인에 따라 배출규제의 목적을 달성하고 외부효과로서 환경오염 비용을 내부화하려는 규제정책적 발상에 따른 것이었다. 이 제도는 배출허용기준이란 기준 설정(standard setting)과 부과금이란 경제적 유인을 결합시킨 일종의 초과배출부과금제(non-compliance charge system)의 성격을 띠고 있었다. 그러나 초과배출부과금제도는 이미 앞에서 환경보호의 법적 수단과 관련하여 살펴본 바와 같이 배출허용기준을 초과하지 않는 한 배출부과금이 부과되지 않기 때문에 배출허용기준에 미달하는 한 그 한도 내에서 '배출의 자유'를 부여하는 결과가 될 뿐만 아니라, 농도기준에 의한 규제이기 때문에 오염물질의 배출 총량을 억제하지 못한다는 비판으로부터 자유롭지 못했다. 이에 1995년 12월 29일 대기환경보전법과 함께 배출허용기준을 초과하지 않더라도 오염물질배출량 등 일정한 기준에 따라 기본부과금을 부과하도록 하는 내용으로 법개정이 이루어져 경제적 유인 성격을 강화한 기본부과금과 벌과금적 성격을 유지하고 있는 초과부과금으로 이원화된 부과금 제도로 전환하게 된 것이다.

우리의 질문은 배출부과금이 환경오염물질의 배출 억제와 배출부과금 부과에 의한 경제유인적 규제라는 당초 도입목적을 성공적으로 달성하고 있는가 하는 것이다. 이 물음에 대한 답은 성공여부가 여전히 불분명하다는 쪽에 가깝다. 오히려 배출부과금이 실제로 피규제자의 환경영향 행태를 규제하기보다는 낮은 징수율로 인해 사실상 준조세 이상의 정책적 효과를 거두지 못하고 있다는 비판이 끊이지 않고 있다.

예를 들어 환경규제의 낮은 준수율이 문제되기도 하는데, 배출부과금의 징수율 역시 그와 무관하지 않다. 배출허용기준을 초과하여 배출하다가 적발되어 배출부과금을 부과 받더라도 징수율이 낮다면 법 준수 강제는커녕 유인 효과조차 기대하기 어렵다는 문제가 국정감사 등을 통해 제기됨에 따라 환경부가 배출부과금 징수율이 저조한 원인을 분석하여 징수율을 높이기 위한 특단의 대책으로 징수율이 향상된 지자체에 인센티브를 부여하는 일환으로 징수비용을 차등하여 교부하도록 하는 등 배출부과금 징수율 제고 대책을 강구하는 계기가 되었다. 일례로 2013년 기준 폐수 배출시설의 배출허용기준 위반율은 8.7%로 비교적 준수한 수준이었지만, 2014년 기준 수질배출부과금 징수율은 16.6%에 불과했다.[12]

이후에도 상황이 호전되지는 않은 것으로 나타나고 있다. 수질배출부과금의 경우 기획재정부가 부담금관리 기본법 제7조에 따라 국회에 제출한 2020년도 부담금종합운용보고서에 따르면 〈표 4-1〉에서 보듯 10%대의 매우 낮은 징수율을 벗어나지 못하고 있다.

한 연구에 따르면 환경개선부담금, 대기 및 수질배출부과금, 수질개선부담금, 생태계 보전협력금 등 5종의 부과금에 대하여 징수율에 따른 차등교부율 제도를 도입하는 등 징수율 제고를 위한 노력을 기

표 4-1 **수질배출부과금 부과 및 징수실적**

(단위: 건, 백만 원, %)

	부과		징수		차이 주1		징수율
	건수	금액(A)	건수	금액(B)	건수	금액(A-B)	(B/A)
합계	56,822	1,271,914	38,520	156,330	18,302	1,115,584	12.2
2020년	2,606	106,431	1,579	11,260	1,027	95,171	10.6
2019년	2,883	108,079	1,864	10,791	1,019	97,288	10.0
2018년	2,618	72,505	1,748	8,804	870	63,701	12.1
2017년	2,937	66,219	1,823	8,305	1,114	57,914	12.5
2016년	2,590	69,771	2,000	10,301	590	59,473	14.8
2015년	2,625	76,877	1,948	8,492	677	68,385	11.0
2014년	2,393	53,368	1,772	8,854	621	44,514	16.6
2013년	2,304	77,941	1,634	8,871	670	69,070	11.4
2012년	2,093	80,354	1,428	7,140	665	73,214	8.9
2011년	1,895	87,427	1,292	4,726	603	82,701	5.4
2010년	1,921	29,514	1,192	4,054	729	25,460	13.7
2009년 이전	29,957	443,425	20,240	64,732	9,717	378,693	14.6

주 1: 처분에 대한 소송진행 및 분할납부 등
※ 연도별 자료에는 현년도 및 과년도 부과·징수한 내역이 포함
자료: 기획재정부(2021: 467)

울였지만 여전히 낮은 징수율이 현안으로 남아 있고, 낮은 징수교부
금으로 인하여 지방자치단체 입장에서 불충분한 재원배분도 여전히
문제점으로 남아 있다고 한다(오경수, 2019).

행정소송 계속, 폐업이나 도산 등 징수가 어려운 금액이 미수납
액의 상당 부분을 차지하고 있었을 것으로 추정되지만, 더 심각한

문제는 배출허용기준에 준수를 위해 부과되는 배출부과금을 피규제자들이 어떻게 받아들이느냐 하는데 있다. 배출부과금이 무서워 배출허용기준을 준수하도록 방지시설을 설치하거나 공정을 개선하는 등 환경오염물질 배출을 줄이기 위한 조치를 취하도록 유도하는 효과가 발생할 것인가 아니면 배출부과금의 금액 수준을 감안할 때[13] 그저 단속에 걸리면 물어야 하는 일종의 불운의 비용 또는 준조세 정도로 여기는 결과가 고착되든가, 어느 쪽인지가 문제되기 때문이다.

배출부과금은 농도규제 기반의 배출허용기준이 지닌 문제점과 함께 비판의 대상이 되기도 한다. 배출허용기준은 가스상 물질의 경우 ppm(입자상 물질의 경우 ㎎/S㎥단위) 등으로 표현되는 농도기준이라는 점[14]에서 오염물질 배출시설의 증가를 통제할 수 없고 배출허용기준이 잘 준수된다 하더라도 환경상태의 악화 자체를 근본적으로 막을 수는 없다는 점, 둘째, 후술하는 바와 같이 배출허용기준에 의거한 배출부과금제로는 배출허용기준에는 미달하지만 환경에 축적되는 오염원을 효과적으로 규제하기 어렵다는 점, 셋째, 배출부과금의 부과를 좌우하는 규제기준의 준수여부를 판단함에 있어 측정대상이 배출시의 농도에 국한되어 있기 때문에 이를 회피할 수 있는 탈법행위의 가능성, 가령 배출허용기준을 넘지 않도록 하기 위하여 가스를 섞어 배출시키는 등 탈법행위의 가능성이 상존하며, 이에 대한 당국의 적발·통제가 용이하지 않다는 점[15]

등 여러 가지 문제들이 지적된다. 배출허용기준과 배출부과금을 결합시킨 배출규제가 비교적 성공적으로 집행되었음에도 불구하고 총체적 환경의 질을 개선·향상시키는 데 이르지 못한 것도 바로 그런 문제점들에 기인한다. 현행법상 환경오염의 규제기준인 배출허용기준이 농도기준으로만 적용되는 한, 환경의 총체적인 질의 악화를 방지할 수 있을 것으로 기대하기는 곤란하다. 따라서 대기오염상태가 환경기준을 초과하여 생활환경에 중대한 위해를 가져 올 우려가 있는 구역이나 특별대책지구 내 중 사업장이 밀집되어 있는 구역에 대하여 할 수 있도록 규정된 총량규제의 확대가 필요하다. 그러나 총량규제는 「대기환경보전법」상 명문의 규정이 있음에도 불구하고(§ 22) 오염원별로 정확한 배출량, 기여도 등을 파악해야 하고, 정책수립과정이 복잡하며, 또한 경제상황에 영향을 많이 받기 때문에 실시하기가 용이하지 않았던 것이 사실이고,[16] 그 본격적 시행이 어떤 효과를 냈는지도 아직은 불확실한 부분이 남아 있다.

현행법상 배출허용기준의 설정 과정에 대한 비판도 제기된다. 배출허용기준의 설정이 행정절차법상 입법예고에 관한 규정이나 법제업무운영규정 등에 의한 절차적 통제를 제외하고는 환경부장관에게 일임되어 있어 문제가 되고 있다. 배출허용기준의 설정과정에서 그러한 정부입법에 대한 절차적 통제 외에 이해관계인의 참여 및 의견수렴의 기회가 주어지지 않고 있는 것도 문제이다. 다만, 2021년 4월 13일의 법개정으로 법 제32조 제3항에 따른 지역별로 강화된 배출허용기준의 경우 주민 등 이해관계자의 의견수렴이 의무화된 것은 진일보한 결과이다(같은 조 제4항).

준조세화한 혼잡통행료

혼잡통행료(congestion charges)는 교통 체증을 감소시키기 위하여 공공버스, 전기, 지하철, 전화 등 사용 시 더 높은 요금을 부과하는 등 초과 수요에 노출된 공공재를 사용하는 사용자들에 추가 요금을 부과하는 정책 또는 조치를 말한다. 항공, 선박 기업은 바쁜 시간대에 공항과 운하의 통행에 더 높은 비용을 적용하여 청구할 수 있다. 이러한 가격 매기기(pricing) 정책은 수요를 조절하여 공급을 늘리지 않고도 혼잡을 관리할 수 있다는 논리에 의해 정당화된다.

혼잡통행료 정책의 목표가 무엇인지는 일견 분명히 드러나지는 않는다. 일례로 도심교통체증을 완화하고자 남산 1, 3호 터널 통과 차량에 대하여 혼잡통행료를 부과해온 서울특별시의 「서울특별시 혼잡통행료 징수 조례」는 "「도시교통정비 촉진법」 제33조, 제35조 및 같은 법 시행령 제15조에 따라 혼잡통행료의 부과·징수에 관하여 위임된 사항과 그 시행에 필요한 사항을 규정함"을 목적으로 한다고 명시하고 있을 뿐이다.

「도시교통정비 촉진법」(약칭: 도시교통정비법) 제33조 제1항 제1

문은 '교통수요관리의 시행'이란 제목 아래 시장은 도시교통의 소통을 원활하게 하고 대기오염을 개선하며 교통시설을 효율적으로 이용할 수 있도록 하기 위하여 관할 지역 안의 일정한 지역에서 다음 각 호의 교통수요관리를 할 수 있다고 규정하면서 제2호에서 '제35조에 따른 혼잡통행료의 부과·징수에 관한 사항'을 열거하고 있다. 같은 법 제35조는 혼잡통행료의 부과·징수 등에 관하여 시장은 통행속도 또는 교차로 지체시간 등을 고려하여 대통령령으로 정하는 바에 따라 혼잡통행료 부과지역을 지정하고, 일정 시간대에 혼잡통행료 부과지역으로 들어가는 자동차에 대하여 혼잡통행료를 부과·징수할 수 있으며(제1항), 시장은 제1항에 따른 혼잡통행료 부과지역의 지정 목적을 달성하면 그 지정을 해제하여야 한다(제2항)고 규정하고 있다. 또한 「도시교통정비 촉진법 시행령」 제15조 제1항은 시장은 토·일요일과 공휴일을 제외한 평일의 시간대별 차량의 평균 통행속도 또는 교차로 지체시간이 다음 각 호의 어느 하나에 해당하는 지역을 법 제35조에 따른 혼잡통행료 부과지역(이하 '혼잡통행료 부과지역'이라 한다)으로 지정할 수 있다고 규정한다.

1. 평균 통행속도가 별표 2 제1호에서 정하는 기준에 해당하는 상태가 하루 3회 이상 발생하는 도시고속도로 또는 간선도로와 그 주변 영향권

2. 교차로 지체시간이 별표 2 제2호에서 정하는 기준에 해당하는 상
   태가 하루 3회 이상 발생하는 교차로와 그 주변 영향권

시장이 위와 같은 요건을 갖춘 지역을 혼잡통행료 부과지역으로
지정하려면 다음 각 호의 사항을 고려하여야 한다(같은 시행령 같은
조 제2항).

1. 우회도로의 확보
2. 대체교통수단의 확충
3. 교통 지체를 최소화할 수 있는 징수 방식

위에서 본 법조항들에 따르면 혼잡교통료 정책의 목표는 '교통
혼잡이 빈발하는 지역', 즉 혼잡통행료 부과지역을 통과하는 차량
에 대해 혼잡통행료를 부과함으로써 교통체증을 방지하는 데 있는
것으로 판단된다. 이 정책목표의 내용은 혼잡통행료 운영의 주체
인 서울시설공단의 정책 취지 설명에서 좀 더 구체적으로 확인할
수 있다. 이에 따르면 공단은 "자가용승용차 이용을 줄이고 대중교
통 이용을 활성화하여 도심교통체증을 완화하고자" 남산 1, 3호 터
널 통과 차량에 대하여 1996년 11월 11일부터 혼잡통행료를 징수
하고 있다는 것이다.[17]

한편 혼잡통행료 부과를 뒷받침하는 경제이론에 따르면 이 정책

의 목적은 자유가격제를 이용하여 사용자들이 최고 수요 시점에서 소비할 때 더 많은 금액을 내야 한다는 것을 인지하게끔 만들어 제때 제 장소에서 수요를 재분배할 수 있도록 장려하고 부정적인 외부성 비용을 강제하여 환경에 대한 영향을 더 잘 인식할 수 있도록 만드는 데 있다고 한다.[18]

우리의 질문은 혼잡통행료가 그 목표를 성공적으로 달성하고 있는가 하는 것이다. 현실은 그렇지 않은 것 같다. 혼잡통행료 도입 초기에는 어떨지 몰라도 그것은 단지 터널 통과를 위한 통행료, 실은 급행료로 인식될 뿐 혼잡 해소, 즉 교통체증 억지효과는 미미하며, 전 지역에 걸쳐 교통혼잡의 정도가 모두 터널 통과 기회를 차별화하기 어려울 정도로 상승해버린 상황에서는 더욱 더 그런 효과를 기대하기 곤란하다는 것이 현실적 판단이다. 서울시 시설관리공단은 내세운 "자가용승용차 이용을 줄이고 대중교통 이용을 활성화하여 도심교통체증을 완화한다"는 목표는 혼잡통행료 부과 지역을 통과하는 차량 운전자들에게는 설득력 있게 와 닿거나 인지되는 것으로 보이지 않기 때문이다. 이들에게는 오히려 혼잡통행료란 일종의 터널 통과세나 이를 통한 서울시 재정에 기여하는 준조세 정도의 의미만을 지닐 뿐 교통체증 해소의 유인으로 작용하지 않는 것이다. 도대체 혼잡통행료 부과로 자가용승용차 이용의 감소나 대중교통 이용 활성화라는 효과가 발생하고 있다고 볼 근거가 있을까? 혼잡통행료 징수 시간대가 끝나기 직전 수많은 차량이 줄을 이어 대기하여 교통체증을 가중시키고 있는 현상은 혼잡통행료가 교통체증 해소보다는 단순한 터널 통과세로 인식되고 있다는 사실을 보여주는 것은 아닐까? 혼잡통행료 수입이 교통 소통을 원활히 하거나 교통인프라 시설의 개선에 사용되는지 여부는 또 다른 문제다.

3. 배출권거래제의 명암

국가 전체 온실가스 배출량의 약 70퍼센트를 포괄하는 온실가스 배출권거래제가 실시된 지 벌써 6년째이다. 배출권거래제(transfer-able permits), 배출면허거래제(Zertifikats- oder Lizenzmodell), 배출상쇄제(Kompensationsmodell) 같은 경제유인 규제방식은 특히 보호수준의 격차가 크고 장소적으로 건강유해물질 배출의 집중 문제(hot-spot 문제)가 없는 경우 효과를 거둘 수 있다. 초국경 온실가스 문제가 가장 전형적인 경우이다. 그런 뜻에서 거래가능 환경이용권제도가 교토의정서 이래 지구 차원 기후변화 방지 전략으로 등장한 것도 하등 놀라운 일은 아니다.[19] 우리나라에서도 교토의정서 이행을 위한 경제적 수단 세 가지(배출권거래제, 청정개발체제, 공동이행제도) 중 주된 수단으로 온실가스 배출권거래제(ETS: Emission Trading System)가 「저탄소녹색성장기본법」 제46조와 「온실

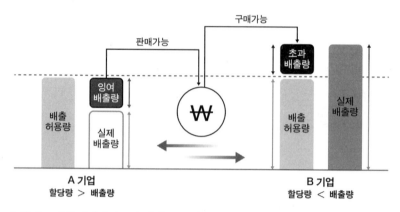

그림 4-1 **온실가스 배출권거래제 개념도**

구매가능

판매가능

초과
배출량

배출
허용량

잉여
배출량

실제
배출량

₩

배출
허용량

실제
배출량

A 기업
할당량 > 배출량

B 기업
할당량 < 배출량

온실가스 배출권거래제는 온실가스를 배출해온 사업자들에게 배출권을 할당하는 것으로 시작된다. 각 기업은 할당받은 배출권의 범위 내에서 온실가스를 배출하고 여유분 또는 부족분은 타 업체와 거래를 할 수 있다. 기업은 각자 온실가스를 직접 감축하거나 시장에서 배출권 매입을 통해 배출허용량을 준수할 수 있다.

자료: KRX 배출권시장 정보플랫폼(https://ets.krx.co.kr/contents/OPN/01/01050401/OPN01050401.jsp)

가스 배출권의 할당 및 거래에 관한 법률」(2013 약칭: '배출권거래법')에 따라 2015년부터 시행되고 있다.[20] 배출권거래제도는 전량 무상할당으로 이루어져 경험 축적을 목표로 한 제1기('15~'17년), 유상할당이 개시되어 상당 수준의 온실가스 감축을 목표로 한 제2기('18~'20년)를 거쳐 2021년 현재 '적극적인 온실가스 감축'을 주요 목표로 하는 배출권거래제 제3기 계획기간에 진입했다. 기간별 계획을 통해 배출권 유상할당의 확대, 기업별로 과거 온실가스 배출 실적을 기준으로 배출권을 할당하는 GF(Grandfathering) 방식에서 기업의 활동량(제품 생산량) 등을 기준으로 효율성 지표를 감안하여 배출권을 할당하는 BM(Benchmark) 방식으로 할당방식이 전환되어 왔다.[21]

우리의 질문은 배출권거래법, 그리고 그에 따른 배출권거래제가 성공적으로 작동하여 성과를 내고 있는가 하는 것이다. 이 물음에 대한 답은 그다지 긍정적이지 못하다.

우리나라 온실가스 배출권거래제의 시행 성과에 대해서는 긍정적 평가보다는 문제점 지적이 더 많다. 실례로 1·2차 계획기간(2015~2020) 배출권 거래제가 국내 온실가스 감축 제도로서 제 역할을 했는지, 새롭게 시작된 3차 계획기간(2021~2025) 배출권 거래제는 탄소중립에 어느 정도 기여를 할 수 있을지를 점검한 결과, 지난 5년간 배출권 거래제가 기업의 온실가스 배출을 줄이는 데 기여하지 못했고, 2021년부터 새롭게 시행된 3차 배출권 거래제 역시도 현행대로 작동된다면 탄소중립을 이루는 데 큰 도움이 되지 못할 것이라는 평가가 나왔다.[22]

한국은 파리협정 가입 이전부터 국가 온실가스 감축목표를 설정한 선도적 국가군에 속한다. 하지만 이 목표는 제대로 이행되지 않았다. 「녹색성장기본법」의 관련규정에도 불구하고[23] 실제 온실가스배출량은 꾸준히 증가해 왔고, 목표배출량 대비 초과배출률 역시 계속 증가한 것으로 나타났다. 환경부 온실가스종합정보센터가 2021년 말 국가온실가스통계관리위원회 심의를 거쳐 확정, 발표

표 4-2 **연도별 온실가스 배출량**

(단위: 백만 톤 CO2eq.)

분야	1990	2000	2010	2016	2017	2018 (비중)	1990 대비 증감률	2017 대비 증감률
에너지	240.4	411.8	566.1	602.7	615.7	632.4 (86.9%)	163.1%	2.7%
산업 공정	20.4	50.9	53.0	53.2	55.9	57.0 (7.8%)	178.7%	1.9%
농업	21.0	21.4	22.1	20.8	21.0	21.2 (2.9%)	1.0%	1.1%
LULUCF	-37.8	-58.4	-53.8	-45.6	-41.5	-41.3 (-5.7%)	9.3%	-0.5%
폐기물	10.4	18.8	15.2	16.8	17.2	17.1 (2.3%)	64.7%	-0.7%
총배출량 (LULUCF 제외)	292.2	502.9	656.3	693.5	709.7	727.6 (100%)	149.0%	2.5%
순배출량 (LULUCF 포함)	254.4	444.5	602.5	648.0	668.3	686.3 (94.3%)	169.8%	2.7%

* LULUCF: 토지이용, 토지이용 변화 및 임업(Land Use, Land Use Change and Forest)
자료: 온실가스종합정보센터 2020년 국가 온실가스 인벤토리(1990~2018) 요약, p.1

한 2019년 온실가스 배출량은 7억 137만 톤으로 2018년보다 3.5% 감소했고 2020년 잠정치 6억 4860만 톤에 비하면 2년 연속으로 줄 어든 것으로 추정된다. 그럼에도 불구하고 온실가스 배출감축이라 는 정책목표의 달성은 여전히 부진을 면치 못하고 있는 실정이다.

「녹색성장기본법」시행령 제25조에 따른 2030년 온실가스 총배출량 목표는 2017년 대비 24.4% 감축된 5억 3,600만 톤인데, 2009년 온실가스 감축 목표로 설정된 2020년 온실가스 목표배출량은 5억 4,300만 톤이었다. 이는 결국 2020년에 이미 달성했어야 할 감축목표를 2030년까지 달성하는 것으로 바꾼 것에 불과하다. 지난 10년 동안 한국의 온실가스 감축 효과는 거의 나타나지 않았다. 비슷한 시기 2010년 2020년까지 1990년 대비 40% 감축을 선언한 독일은 실제 2020년 온실가스감축량을 42.3%로 2.3% 초과달성한 바 있다. 이에 비하면 한국의 온실가스 감축은 명백히 실패했다는 평가가 나와도 할 말이 없을 것이다.

4. 피해를 입어도 제대로 보호받지 못한다면

환경법이 아무리 잘 완비되어 있어도 그 법 준수를 확보하기 위한 효과적인 제재장치가 없다면 사상누각이나 다름이 없을 것이다. 또 환경오염 등으로 피해를 입거나 환경을 둘러싼 갈등이 분쟁으로 비화·악화되어도 마땅히 이를 해결해줄 피해구제제도와 분쟁해결메커니즘이 미비하다면 환경법의 처방이나 그로부터 전달되는 시그널은 공염불이 될 수밖에 없다. 그런 뜻에서 우리가 제기하는 질문은 환경법은 법 위반에 대한 효과적인 제재장치를 마련하고 있는가, 그리고 환경오염피해를 방지 또는 구제하고 분쟁을 해결하기 위한 효과적인 법적 해결수단을 제공하는가 하는 것이다. 이 물음은 앞서 본 환경법의 적정성이나 실효성 못지않게 환경법의 성패를 가늠해주는 중요한 전제조건에 관한 것이다. 환경분쟁은 환경오염과 생태계 파괴의 함수이다. 환경상태가 악화되면 될수록 환경분쟁도 더욱 더 심각한 양상을 띠게 된다.

환경분쟁은 환경문제의 실재를 알려주는 경고이기도 하다. 물론 환경문제가 언제나 환경분쟁으로 표면화되는 것은 아니다. 특히 효과적인 권리보호수단이 갖춰지지 못한 상황에서는 환경분쟁이 잠재화된 상태로 고착되는 경우도 적지 않다. 그러나 환경분쟁의 발생은 분쟁원인이 된 환경오염이 이미 심각한 국면에 이르렀음을 의미하는 경우가 많다. 환경분쟁은 환경문제의 조기경보라기보다는 환경악화를 방지하고 피해를 구제하지 않으면 안 될 절박한 상황이 도래했음을 알려주는 위기경보라고 보아야 할 것이다. 환경분쟁의 신속·공정한 해결은 가해자로 하여금 환경파괴적 행태로 나아갈 수 없도록 하는 심리강제의 효과를 가질 수 있다. 환경분쟁의 효과적 해결은 간접적으로 환경보호 및 환경파괴의 방지기능을 가질 뿐만 아니라, 그 공정한 해결이 보장되는 한, 환경 분야에 있어 분배적 정의의 실현을 위한 수단이 될 수도 있다. 그러나 환경분쟁의 해결수단으로서 법이 지니는 효능과 그에 대한 분쟁당사자들의 기대는 극히 낮은 수준에 머물러 있다. 생활의 거의 모든 영역에서 공식적 분쟁해결수단으로서 권위를 구가해온 법이 환경분쟁의 와중에서 자칫 용도폐기를 당할지도 모르는 위기에 직면한다. 왜일까? 과거 개발독재아래서 법보다 권력의 '주먹'이 가까웠다면 이제는 팔을 걷어붙이고 머리에 붉은 띠를 맨 피해지역주민들의 울분과 집단의 자해적 위력만이 가장 빠르고 확실하게 문제를 해결할 수 있게 된 것일까? 이러한 의문은 곧 법이 제공하는 환경분쟁의 해결방법이 과연 얼마나 효과적이며 실용적인가, 환경분쟁의 해결수단으로서 법제도가 지닌 문제점은 없는가, 나아가 무엇이며 환경분쟁을 성공적으로 해결하기 위해서는 법제도가 갖추어야 할 조건은 무엇이며 또 어떤 대안이 있는가라는 물음으로 이어진다.

환경오염 피해가 발생한 경우 분쟁을 정규적인 구제절차보다는 시위나 실력행사, 집단적 분규를 통해 해결하려는 경향이 여전히 문제로 남는다. 물론 이런 경향 자체보다는 피해자로 하여금 시위 등 집단적 실력행사를 통한 문제해결을 선호하도록 만드는 사회적 분위기와 제도적 결함에 관심을 기울여야 한다. 법적 절차보다는 명망가의 압력, 민심수습 차원의 권력적 문제해결방식의 능률성을 뒷받침했던 권위주의적 사회분위기가 점차 해소된다 할지라도, '공해소송은 오래 걸린다', '승산이 불확실하다'는 체험적 법의식이 남아 있는 한 그런 경향은 계속될 것이기 때문이다.

민사소송, 답이 못 되는 이유

환경오염 등으로 피해를 입은 경우 소송, 특히 민사소송을 해결책으로 권할 수 있을까? 답은 매우 부정적이다. 일반적으로 지적되는 다음과 같은 난점들이 있기 때문이다.

첫째, 원인규명의 어려움, 피해자범위의 광범성 등으로 말미암아 개인주의적 시민법원리에 입각한 민사소송으로는 환경오염문제에 적절히 대처하기 어려운 측면이 많다. 민사구제는, 복합오염의 경우 가해자·피고의 특정이 어렵고, 고의·과실을 피해자 측에서 입증해야 하며, 인과관계도 피해자 측에서 과학적으로 입증해야 하기 때문이다.

둘째, 민사구제는 원칙적으로 사후적 구제방법의 성격을 띠므로 사전적·예방적 기능을 법원에 기대하기 어렵다.

셋째, 민사구제는 법원에 제소한 원고에 대한 개별적 구제로서 기능하므로 소송당사자가 아닌, 그러나 동일한 피해를 입은 일반 주민은 집단소송 등 특별한 제도적 통로가 주어지지 않는 한, 구제를 받을 수 없다.

넷째, 민사구제는 곧 재판을 통한 구제로서 많은 시간과 비용이 드는 경우가 많다.[24] 이 점이 가장 큰 단점이다.

환경소송 너무 오래 걸린다

오래된 사례지만, 1972년 진해화학이 배출한 폐수로 김양식장을 망친 어민들이 제기한 손해배상청구소송은 14년 만인 1986년 10월에야 최종판결을 받은 것은 유명한 사례이다. 피고 측이 고의적으로 소송지연 작전을 펴 재판비용을 감당하지 못하여 도중에 소송을 포기하는 일이 발생했고, 소송 장기화에 지쳐 피해어민 2명이 자살하는 사건까지 벌어졌다. 이는 민사구제에만 특유한 것은 아닐지라도, 재판을 통한 환경권리구제의 실상을 드러낸 충격적인 사례였다.[25] 그러면 현재에는 사정이 호전되었을까? 실증적인 데이터는 없지만, 소송지연 현상은 분야를 가리지 않고 만연되어 있다. 소송지연과 장기화는 외국도 그렇지만 우리나라 사법시스템이 앓아 온 고질적 병리현상이다(신정철 외, 1973; 김두얼, 2008 등). 대법원은 최근 72층 아파트 건물 외벽 유리의 태양반사광으로 생활방해를 받던 인접 주민이 제기한 손해배상청구소송에서 참을 한도를 넘는 생활방해를 인정한 원심판결을 확정했는데,[26] 2009년 8월 제기된 이 소송이 12년 만에 최종판결을 받았다는 사실은 재판을 통한 분쟁해결에 시간이 걸린다는 사실을 보여주는 많은 사례 중 하나일 뿐이다.

「환경오염피해구제법」 전담기관인 한국환경산업기술원 역시 이 법의 제정배경으로 환경오염 특성상 피해 입증 곤란, 고액의 소송비용과 함께 소송 장기화를 꼽았다.[27] 2016년 기준 환경피해 배상소송은 평균 7.5년(심급당 평균 2.5. 년)이 걸린다는 보고도 있다.[28]

구멍이 숭숭 뚫려 있는 법시스템

환경피해가 발생했다는 사실은 그 자체가 환경보호를 위한 입법적·행정적·정치적 노력이 주효하지 않았다는 의미인 경우가 많다. 그 경우 피해를 어떻게 얼마나 효과적으로 구제받을 수 있는가 하는 물음이 제기된다. 그러나 환경구제제도에는 여러 가지 맹점과 공백이 도사리고 있다.

민사구제에는 앞에서 본 바와 같은 장애요인들이 따르고, 공법상 구제, 즉 행정소송도 원고적격이라는 장애물을 넘어야 하고, 집단분쟁해결을 위한 소송절차가 마련되어 있지 않으며, 나아가 규제행정청의 환경규제의무 이행을 관철시킬 수 있는 소송상 수단, 즉 행정상 이행소송이 허용되지 않는다는 점 등 적지 않은 문제점들을 안고 있다. 이들은 모두 환경법상 효과적인 권리구제를 제약하는 요인으로 작용한다.

환경피해구제는 주로 그리고 종국적으로 법원의 재판에 의존한다. 그러나 재판은 통상 많은 시간과 비용이 든다. 또 전문성과 과학적 지식·정보 없이는 분쟁해결이 곤란한 환경분쟁의 특성으로 인해 재판을 통한 구제 역시 한계가 따른다.

환경소송의 현실적 애로는 사회적 강자인 대기업을 상대로 하는 경우가 많다는 데서 연유한다. 그 경우 종종 경제적으로 열세에 놓인 원고 측이 오염원인 규명에 전문인력의 도움을 받지 못해 패소하거나, 재정능력이나 인력 등 모든 면에서 실질적 우위를 지닌 피고

측의 소송 지연 전술로 재판비용을 감당하지 못하고 소송을 중도에 포기하는 사례들도 빈번히 나타난다. 법원의 사건 폭주로 인한 소송지연도 환경상 권리구제를 제약하는 현실적 애로로 작용한다.

재판의 가장 큰 약점은 시간과 돈이 많이 든다는 것이다. 환경피해를 입어도 재판을 권유할 수 없는 이유이기도 하다. 환경오염과 그로 인한 피해의 원인·내용이 극히 다양하고 복합적이어서 전문성과 과학적 지식·정보 없이는 분쟁해결이 곤란한 경우가 많은데 재판을 통한 구제가 제때 효과적으로 이루어지기 어렵다. 그런 까닭에 과연 재판이 환경분쟁의 적정한 해결수단인지 의문시되기도 한다. 그리하여 송사로 세월을 허비하고 소기의 구제도 받을 수 없거나 구제 자체가 무의미하게 되는 사례들이 적지 않다.[29] 그러나 "지연된 정의는 정의가 아니다(delayed justice is not a justice)".

그러나 이 같은 문제점을 들어 곧바로 민사구제의 한계를 강조하거나 공법상 구제가 더 낫다고 단정할 수는 없다. 사실 사법상 구제의 한계로 지적되고 있는 요인 중 주된 것(가령 입증의 곤란)은 비단 민사구제에 특유한 것이라기보다는 재판제도를 통한 환경상 권리구제 전반의 문제점이다. 뿐만 아니라, 사전예방적 규제조치나 공해방지협정 등과 같은 협상과 타협을 통한 분쟁해결방식이라고 해서 반드시 모든 문제 상황에서 어느 경우에나 타당하다고 볼수는 없다.[30] 문제는 오히려 각각 공법상 구제나 민사구제, 또는 사전예방적 구제와 사후교정적 구제 등 각종 유형의 구제방법들을 그 고유의 이용가치별로 파악함으로써 각 제도의 권리구제수단으로서의 실효성을 제고시킴으로써 효과적인 환경상 권리구제의 체계를 수립하는 데 있는 것이다. 이러한 의미에서 민사구제와 공법상 구제수단 간 분업체계의 확립을 위한 비교연구가 필요하다.

그래도 대안은 있다: 환경분쟁조정법

바보들만 소송을 한다? 환경오염으로 피해를 입으면 결국 법원에서 재판을 통해 구제를 받을 수 있으리라는 게 통념이다. 이와 같은 기대는 국가예산으로 운영되는 사법시스템과 판검사와 변호사로 대표되는 법조인의 법률서비스(?), 그리고 관련 학계나 교육을 통해 공유되고 거듭 지지된다. 그러나 그런 기대만큼 사람들을 오도하는 것도 없을 것이다. 환경구제시스템에 구멍이 숭숭 뚫려 있기 때문이다. 그러니 착수금 마련조차 어려운 형편인 보통사람들에게 소송이란 '그림의 떡'이 될 수밖에 없다. 법은 '우리들의 신부님'이 될 수 없는 '먼 나라 이야기'일 뿐이다. 하지만 '법을 포기하라'고 말할 수 있을까? 소송은 바보짓이라고 질타할 수 있을까?

환경피해가 발생했다는 것은 많은 경우 환경보호를 위한 입법·행정·정치적 노력이 주효하지 않았다는 사실을 말해준다. 그렇다면 피해를 어떻게 얼마나 효과적으로 구제받을 수 있을까? 하지만 환경구제에는 여러 가지 맹점과 공백이 도사리고 있다.

이미 앞에서 살펴본 바 있듯이, 민사구제는 가해자·피고의 특정이 곤란하고 고의·과실과 인과관계를 피해자 측에서 입증하는 데 어려움이 따르는 등 한계가 있다. 공법상 구제도 원고적격이라는 장애물을 뛰어넘어야 하고, 집단분쟁해결을 위한 소송절차가 결여되어 있으며, 환경규제기관의 규제의무 이행을 관철시킬 수 있는 소송수단, 즉 행정상 이행소송이 허용되지 않는다는 점 등 적지 않은 문제점을 안고 있다. 환경법의 목표, 즉 효과적인 권리구제를 기대할 수 없게 만드는 제약요인들이다.

이처럼 재판을 통한 분쟁 해결의 한계가 드러남에 따라 전문성을 갖춘 분쟁해결기구에서 신속·저렴하게 분쟁을 해결할 수 있는 대안적 분쟁해결(Alternative Dispute Resolution: ADR)로서 분쟁조정제도가 주목을 받기 시작했다. 종래 '공해의 시대'에는 공해피해의 구제라는 형태로 분쟁을 해결하는 것이 중심과제였다면 오늘날 '환경의 시대'에는 사회의 제이익과 환경이익의 조정이 분쟁처리의 중심과제로 등장하게 된 것이다. 환경분쟁조정법을 만들어 대안적·재판외적 분쟁조정을 제도화한 데에는 이처럼 「구제에서 조정으로」라는 인식의 전환이 배경을 이루고 있다.[31]

우리나라에서도 비교적 이른 시기에 환경분쟁조정제도가 도입되었다. 환경정책기본법은 국가 및 지방자치단체에게 환경오염 또는 환경훼손으로 인한 분쟁, 그 밖에 환경관련 분쟁이 발생한 경우에 그 분쟁이 신속하고 공정하게 해결되도록 하기 위하여 필요한 시책(분쟁조정방법: § 29)과, 환경오염 또는 환경훼손으로 인한 피해를 원활히 구제하기 위하여 필요한 시책(피해구제방법: § 30)을 강구하도록 했고 이를 근거로 제정된 것이 「환경분쟁조정법」이다.

　환경분쟁조정제도는 1963년의 공해방지법에서는 인정되지 않다가 1971년의 개정법에 의해 배출허용기준을 중심으로 한 강력한 배출규제가 실시되면서 함께 도입되었으나 별반 실효를 거두지 못하다가 이후 단행법으로 제정된 구 환경오염피해분쟁조정법을 계기로 출범했다.[32] 그러나 당초의 제도는 알선은 물론 조정이나 재정 모두 당사자 간 합의조성 이상의 의미를 갖지는 못했기에 그 자체로서 독자적인 의미를 지닌 분쟁해결절차라기보다는 당사자 간 합의 도출을 통한 원만한 분쟁해결을 도모하려는 사법보완적인 임의적 중재절차에 불과했다. 가령 조정(調停)의 경우 당사자가 조정안을 수락하지 않으면 효력이 없었고 또 당사자가 조정안을 받아들여 합의가 성립되어도 그 합의는 민사조정과 달리 강제력을 갖지 못하고 주로 사회적 힘에 의하여 이행이 확보되기를 기대할 수 있을 뿐이었다.[33] 1995년 12월 29일의 개정법은 분쟁조정의 대상을 확대하고, 당사자가 합의한 조정안과 재정문서에 재판상 화해와 동일한 효력을 부여하며 중대사건에 대한 직권조정제도를 도입하는 등 제도를 대폭 강화했다. 환경오염피해분쟁조정법은 1997년 8월 28일 환경분쟁조정법(법률 제5,393호)으로 전부 개정되었다. 개정법은 환경시설의 설치·관리에 관한 환경분쟁과 국가 또는 지방자치단체를 당사자로 하는 환경분쟁도 조정대상에 포함시켰고, 분쟁조정위원회가 피해의 제거·예방을 위해 필요하다고 인정하면 관계행정기관의 장에게 원인자에 대한 개선명령·조업정지명령 등 필요한 행정조치를 취할 것을 권고할 수 있도록 했으며, 일정한 요건을 갖춘 환경단체에게 중대한 자연생태계파괴로 인한 피해가 발생했거나 발생할 위험이 현저한 경우에는 환경분쟁조정위원회의 허가를 받아 당사자를 대리하여 조정을 신청할 수 있는 권리를 부여했고, 다수당사자 간 분쟁조정을 위한 특칙을 마련했다. 그러나 개정법은 조정과 재정의 효력을 당사자 간 동일한 내용의 합의가 성립한 것으로 본다고 규정함으로써 1995년 개정 이전의 상태로 환원시켰다. 환경분쟁조정법은 이후 몇차례 더 개정되었는데, 2008년 3월 21일 점점 복잡·다양화하는 환경분쟁사건을 신속·공정하게 해결하기 위한 기반을 강화하기 위하여 환경분쟁조정위원회 위원의 정원을 증원하고, 환경갈등을 줄일 수 있도록 위원회의 직권조정 대상을 사회적으로 파급효과가 클 것으로 우려되는 분쟁사건으로 확대하며, 조정조서 및 재정문서에 재판상 화해의 효력을 부여하는 내용으로 다시 개정되었고(법률 제8955호), 2012년 2월 1일 인공조명에 의한 빛공해를 분쟁조정의 대상이 되는 환경피해의 범주에 포함시키고, 환경피해를 입고도 경제적인 여유가 없어 소송을 제기할 수 없는 서민 등을 위하여 지방환경분쟁조정위원회의 재정(裁定)에 불복할 경우 60일 이내에 중앙환경분쟁조정위원회에 재정을 신청할 수 있도록 하는 등의 내용으로 개정되었다(법률 제11267호). 특히 2008년 개정으로 조정조서 및 재정문서에 재판상 화해의 효력이 부여되었고, 2012년 개정에서는 지방위원회의 재정에 대한 중앙위원회 불복절차를 마련했다.

환경분쟁조정제도는 지난 30여 년간 많은 성과를 거두며 정착되어왔다. 그러나 환경분쟁조정제도 역시 신속·저렴하고 효과적인 분쟁해결에 대한 기대를 충족시키지는 못하고 있다. 무엇보다도 소음·진동 분야에 편중되어 환경분쟁의 발생추세에 제대로 대응하지 못하고 있다는 점이 문제이다. 중앙환경분쟁조정위원회가 '91.7.부터 '20년까지 처리(재정, 조정, 합의)한 4,557건 중 소음·진동으로 인한 피해 3,840건으로 전체의 84.3%로 가장 높은 비율을 차지했는데,[34] 이는 소음·진동피해의 심각성뿐만 아니라 우리 사회가 겪는 다른 중요한 환경분쟁들이 환경분쟁조정을 통해 해소되지 못하고 있다는 반면사실을 말해준다. 환경분쟁조정을 통해 신속·저렴한 분쟁해결을 기대했지만 그 용도가 소음·진동에 편중된 것은 환경분쟁조정법 성공의 의미를 크게 반감시키는 요인이 되고 있다.

그 밖에도 중앙과 지방 조정위원회의 조직역량과 전문성이 부족하다든가, 조정결과에 대한 신뢰가 낮고, 조정절차에서 '당사자주의' 원칙이 제대로 구현되지 않고 있다든가 환경분쟁조정제도에 대한 국민의 인지도가 낮다는 등 지적이 끊이지 않았다.[35]

그리하여 2021년 4월 1일 환경분쟁조정법이 개정되어(2021.4.1. 시행), 이 법에 따른 환경피해 대상에 하천수위의 변화로 인한 피해를 추가하기에 이르렀다.

2020년 여름철 1973년 기상관측 이래 최장기간 장마(중부 54일, 제주 49일)와 역대 2위에 해당하는 강우량(687mm)으로 많은 인명과 재산 피해가 발생했다. 향후 기후변화에 따른 강수량 증가 및 국지성 집중호우가 더욱 더 빈발할 것으로 예상되는 상황에서 정부는 16개 부처 합동으로 범정부 풍수해 대응 혁신 추진단을 구성·운영하고 기후변화에 따른 풍수해 대응 혁신 종합대책을 수립·발표했으나, 현행 손실보상체제에서는 피해주민들이 호우피해에 대해 실질적이고 빠른 권리구제를 받기 어려웠다. 이에 2021년 3월, 집중 호우로 피해를 입은 피해 주민들에게 신속한 피해구제를 위해 환경분쟁조정법에 따른 환경피해 대상에 하천시설 또는 수자원시설로 인한 하천수위의 변화로 인한 피해를 추가하는 내용의 법개정이 단행되었다(위 개정법률 개정이유).

이러한 법제 개선의 결과는 곧바로 2020년 여름철 경남, 전북, 전남, 충남; 충북 등지에 집중호우로 인한 피해로 인한 분쟁조정을 통해 현실화되었다. 중앙환경분쟁조정위원회는 합천댐하류 홍수피해에 대해 합천주민 362명에게 57억 원을 지급하되 환경부와 국토교통부가 50%, 한국수자원공사가 25%, 경남도와 합천군이 25%를 배상하도록 권고했고 이에 경남도가 수용 의사 밝히는 등 1년여 만에 합천댐 홍수피해 배상이 '마무리 수순'을 밟기 시작했다.[36] 다른 지역에서의 홍수피해 배상 역시 개정된 법조항에 의거하여 진행되고 있다.

환경오염피해구제법, 비장의 처방?

「환경오염피해 배상책임 및 구제에 관한 법률」(법률 제12949호 약칭: 환경오염피해구제법)의 제정은 기존 환경구제의 맹점을 보완하기 위하여 시도된 가장 중요한 처방으로 평가된다. 환경오염사고는 피해 규모가 크고 광범위한 경우가 많아 사고유발기업은 그 배상책임을 감당하지 못하고, 피해자는 적절한 피해배상을 받지 못하며 결국 정부가 막대한 국고를 투입하게 되는 악순환으로 이어지는 경향이 빈번하다는 점,[37] 더욱이 과학적 인과관계 입증이 용이하지 않은 환경오염사고의 특성상 피해자들이 고통을 당해도 원인 규명에 대한 입증부담을 안고 장기간 쟁송에 휘말림으로써 제때 권리구제를 받지 못하는 경우가 빈번하다는 점을 이유로 2014년 12월 31일 환경오염피해구제법이 제정되었다.

2016년 7월 1일부터 시행된 이 법은 환경책임과 환경책임보험을 연계하여 환경오염피해 발생 시 자동차 책임보험처럼 대부분 보험을 통해 피해자가 신속히 피해배상을 받도록 하고 사고기업도 추가 부담 없이 보험을 통해 배상에 따른 재무리스크를 회피할 수 있도록 하는 동시에 기업 스스로 환경오염사고 리스크를 줄이기 위해 법령을 준수하고 환경안전에 투자하는 등 환경안전관리를 유도한다는 선순환구조를 지향한다. 특히 환경오염으로 인한 피해구제를 용이하게 하고 권리구제의 사각지대를 해소하는 등 실효성 있는 피해구제를 가능케 하기 위하여 오염원인자 부담원칙의 실질적 구현을 위한 무과실책임과 인과관계 추정의 법리를 명문화하는 등 주목할 만한 제도 개선을 가져왔다.[38]

몇 가지 중요한 내용을 소개해보면 다음과 같다.[39]

무과실책임 및 배상책임 제한

환경오염물질을 배출하는 시설들은 통상 환경오염피해를 발생시킬 잠재적 위험을 수반하며 위험시설을 설치·운영해 이익을 얻는 사업자에게는 그 잠재적 위험이 현실화되어 발생한 피해에 대해 엄격한 책임을 지운다는 것이 '위험책임'의 법리이다. 이러한 배경에서 환경오염유발시설 설치·운영자에게 사고 발생 시 과실 유무를 불문하고 배상책임을 지우는 '무과실책임'의 법리가 이미 판례를 통해 인정되어왔고,[40] 「환경정책기본법」, 「토양환경보전법」, 「유류오염손해배상보장법」 등 관계법률에 명문화되어 있다.

「환경오염피해구제법」은 제6조 제1항에서 "시설의 설치·운영과 관련하여 환경오염피해가 발생한 때에는 해당 시설의 사업자가 그 피해를 배상하여야 한다. 다만, 그 피해가 전쟁·내란·폭동 또는 천재지변, 그 밖의 불가항력으로 인한 경우에는 그러하지 아니하다"라고 규정하여 사업자의 환경오염피해에 대한 무과실책임을 명문화했다. 이어서 환경오염피해가 그 시설 운영 중단 전의 상황으로 인하여 발생한 경우에는 "그 시설을 운영했던 사업자가 배상하여야 한다"고 규정하여 배상책임의 공백이 없도록 했다.

한편 법은 사업자의 무과실책임에 대한 균형장치로서 배상책임의 상한을 설정하여 일정금액 이상의 피해에 대해서는 사업자의 배상의무를 면제했다(§ 7 본문).[41] 이러한 책임제한은 환경오염피해가 사업자의 고의 또는 중대한 과실로 발생하거나 환경오염피해의 원인을 제공한 시설에 대하여 사업자가 시설의 설치·운영과 관련하여 안전관리기준을 준수하지 아니하거나 배출허용기준을 초과하여 배출하는 등 관계 법령을 준수하지 아니한 경우 또는 환경오염피해의 원인을 제공한 사업자가 피해의 확산방지 등 환경오염피해의 방제를 위한 적정한 조치를 하지 아니한 경우에는 적용이 없다(§ 7 단서).[42] 이와 관련하여 법은 환경오염사고 발생 시 신속하고 효과적인 대응을 위하여 사업자에게 신고 및 응급조치 의무를 부과하고 있다(§ 8).

인과관계의 추정

환경오염피해는 오염노출경로가 복잡하고 피해양상도 다양하여 현재의 과학기술 수준으로 인과관계를 입증하기가 쉽지 않다. 따라서 피해자 개인이 환경오염으로 피해를 입었다는 인과관계를 입증하기가 사실상 불가능한 경우가 많다. 이러한 현실을 고려하여 피해자가 인과관계 성립 가능성을 상당한 수준으로 입증할 경우 인과관계를 인정하고 기술적·경제적으로 우월한 사업자가 그에 대한 반증을 하지 못할 경우 손해배상책임을 지도록 하는 법리가 판례와 학설에 의해 주장되고 있다.[43] 피해자의 입증곤란(Beweisnotstand)을 완화해주기 위한 개연성설이 주장되고 또 판례에 반영되고 있음은 이미 앞에서 살펴본 바와 같다. 법은 그와 같은 학설과 판례 법리를 명문화하여 환경오염유발시설 설치·운영과 피해 발생 간에 상당한 개연성이 있는 경우 인과관계를 법적으로 추정하도록 함으로써 피해자의 입증부담을 경감토록 했다.[44]

법은 시설이 환경오염피해 발생의 원인을 제공한 것으로 볼 만한 상당한 개연성이 있는 때에는 그 시설로 인하여 환경오염피해가 발생한 것으로 추정한다고 전제하고(§ 9 ①), 상당한 개연성이 있는지 여부에 대한 판단기준으로 '시설의 가동과정, 사용된 설비, 투입되거나 배출된 물질의 종류와 농도, 기상조건, 피해발생의 시간과 장소, 피해의 양상과 그 밖에 피해발생에 영향을 준 사정 등의 고려'를 명시했다(§ 9 ②).

「환경오염피해구제법」 제9조 제1항에서 인과관계 추정 요건으로

'상당한 개연성'을 요구한 데 대해서는 비판이 제기되었다. 즉 피해자는 환경오염피해 발생의 원인을 제공한 것으로 볼 수 있는 '상당한 개연성'을 입증해야 하며, 향후 법원의 판단을 기다려 보아야 하겠지만, 같은 조 제2항 소정의 기준에 따라 판단되는 이 '상당한 개연성'이란 요건이 오히려 기존의 판례인 개연성이론보다 엄격해질 우려가 있다는 것이다. 따라서 법원은 인과관계 추정을 위한 해석기준으로서 이 규정을 유연하게 운영할 필요가 있다고 한다.[45] 반면 '상당한 개연성이 있는지 여부'에 대한 최종적 판단은 법원이 내리겠지만, 그 판단을 위한 요소가 구체적으로 제시되기 때문에 법원은 그 판단에 큰 압박을 받을 수 있고 그 입법 목적을 존중하여 쉽게 인과관계를 부인하지 못할 것이기 때문에 결국 이러한 조문을 적용하는 것이 판례가 인정하고 있는 개연성이론을 적용하는 것보다 피해자에게 우호적인 결과가 나올 수 있다고 예상하는 견해도 있다. 말하자면 법원에 재량의 여지를 주면서, 법원으로 하여금 입법 취지를 고려하여 상당한 개연성과 관련하여 적극적이고 우호적인 결정을 내릴 가능성을 높일 수 있다는 것이다.[46]

환경오염피해가 다른 원인으로 인해 발생했거나, 사업자가 대통령령으로 정하는 환경오염피해 발생의 원인과 관련된 환경·안전 관계 법령 및 인허가조건을 모두 준수하고 환경오염피해를 예방하기 위하여 노력하는 등 제4조제3항에 따른 사업자의 책무를 다했

다는 사실을 증명하는 경우에는 제1항에 따른 추정은 배제된다(§9
③). 또한 법은 제10조에서 환경오염피해를 발생시킨 사업자가 둘
이상인 경우에 어느 사업자에 의하여 그 피해가 발생한 것인지를
알 수 없을 때에는 해당 사업자들이 연대하여 배상하도록 하고, 제
11조에서는 다른 사업자의 시설 설치·운영에 따른 환경오염피해
를 제6조에 따라 배상한 사업자는 해당 시설의 사업자에게 구상하
되, 환경오염피해가 시설의 설치·운영 등에 사용된 자재·역무의
제공에 의하여 생긴 때에는 사업자는 해당 자재·역무의 제공을 한
자의 고의 또는 중대한 과실이 있을 때에만 구상할 수 있도록 했
다. 아울러 제12조에 시설 설치·운영에 관한 업무를 도급한 경우
책임 배분에 관한 규정을 두었다.

정보청구권

정보 접근(information access)은 피해구제에서 결정적 중요성을
가지며 특히 환경오염 피해구제의 성패를 좌우하는 요인이 된다.
이러한 견지에서 법은 피해자에게는 배상청구권의 성립과 범위 확
정을 위하여 시설의 사업자에 대한 정보청구권을 명시적으로 인정
하고 있다. 법 제15조 제1항에 따르면, 이 법에 따른 피해배상청구
권의 성립과 그 범위를 확정하기 위하여 필요한 경우 피해자는 해
당 시설의 사업자에게 제9조 제2항과 관련한 정보, 즉 인과관계 입
증에 필요한 정보의 제공 또는 열람을 청구할 수 있다(§15 ①).

아울러 피해배상 청구를 받은 사업자에게도 피해자에 대한 피해배상이나 다른 사업자에 대한 구상권의 범위를 확정하기 위하여 다른 사업자에게 제9조 제2항과 관련한 정보의 제공 또는 열람을 청구할 수 있도록 했다(§ 15 ②).

피해자나 피해배상 청구를 받은 사업자로부터 정보의 제공 또는 열람 청구를 받은 자는 해당 정보를 제공하거나 열람하게 하여야 한다(§ 15 ③).

피해자 및 사업자는 영업상 비밀 등을 이유로 정보 제공 또는 열람이 거부된 경우에는 환경부장관에게 정보 제공 또는 열람 명령을 신청할 수 있고(§ 15 ④), 그 경우 환경부장관은 제16조에 따른 환경오염피해구제정책위원회의 심의를 거쳐 정보 제공 또는 열람 명령 여부를 결정하고, 그 결정에 따라 해당 사업자에게 정보 제공을 하도록 하거나 열람하게 하도록 명할 수 있다(§ 15 ⑤).

정보를 제공받거나 열람한 자는 그 정보를 해당 목적과 다르게 사용하거나 다른 사람에게 제공하는 등 부당한 목적을 위하여 사용하여서는 아니 되며(§ 15 ⑥), 이를 위반하면 1년 이하 징역 또는 1천만 원 이하 벌금에 처하도록 되어 있다(§ 47 ① 1호).

시설책임: 책임대상 시설 및 배상의 범위

이 법에 따른 책임은 시설책임이다. 법은 제도의 실효성을 높이기 위해 배상책임의 적용대상을 대기·수질·가축분뇨·소음진동배출시설, 폐기물처리시설, 토양오염 관리대상 시설, 유해화학물질 취급시설, 해양시설 등 환경오염물질을 상시 배출하거나 위험물질을 상시 취급하는 시설 등 환경법령 등에 따라 확정이 가능한 시설로 명시하고 있다.

적용대상시설(§ 3)

1. 「대기환경보전법」 제2조제11호에 따른 대기오염물질배출시설
2. 「물환경보전법」 제2조제10호·제11호에 따른 폐수배출시설 또는 폐수무방류배출시설
3. 「폐기물관리법」 제2조제8호에 따른 폐기물처리시설로서 같은 법 제25조제3항에 따라 폐기물처리업자가 설치한 시설 및 같은 법 제29조제2항에 따른 승인 또는 신고 대상 시설
4. 「건설폐기물의 재활용촉진에 관한 법률」 제2조제16호에 따른 건설폐기물 처리시설(「건설폐기물의 재활용촉진에 관한 법률」 제13조의2제2항에 따른 임시보관장소를 포함한다)
5. 「가축분뇨의 관리 및 이용에 관한 법률」 제2조제3호에 따른 배출시설로서 같은 법 제11조에 따른 허가 또는 신고 대상 시설
6. 「토양환경보전법」 제2조제3호에 따른 토양오염관리대상시설
7. 「화학물질관리법」 제2조제11호에 따른 취급시설로서 같은 법 제27조에 따른 유해화학물질 영업을 하는 자 및 같은 법 제41조에 따른 위해관리계획서를 제출하여야 하는 자의 취급 시설

8. 「소음·진동관리법」 제2조제3호에 따른 소음·진동배출시설

9. 「잔류성유기오염물질 관리법」 제2조제2호에 따른 배출시설

10. 「해양환경관리법」 제2조제17호에 따른 해양시설 중 대통령령으로 정하는 시설

11. 그 밖에 대통령령으로 정하는 시설

배상책임의 범위는 '환경오염피해', 즉 시설의 설치·운영으로 인하여 발생되는 대기오염, 수질오염, 토양오염, 해양오염, 소음·진동, 그 밖에 대통령령으로 정하는 원인으로 인하여 다른 사람의 생명·신체(정신적 피해를 포함) 및 재산에 발생된 피해(동일한 원인에 의한 일련의 피해를 포함)에 미친다(§ 2 1호 본문). 다만, 해당 사업자가 받은 피해와 해당 사업자의 종업원이 업무상 받은 피해는 제외한다(§ 2 1호 단서).

사업장 내의 내부직원은 산업재해보상제도를 통해 보상을 받고, 자연환경 훼손 등 환경 훼손에 대하여는 「자연환경보전법」, 「물환경보전법」, 「토양환경보전법」 등에 따라 피해복구 및 행정 대집행이 가능하다는 이유에서 배상대상에서 제외했다.

법은 책임주체인 사업자를 "해당 시설에 대한 사실적 지배관계에 있는 시설의 소유자, 설치·운영자"로 명시하고 있다(§ 2 3호).

환경책임보험

이 법의 요체는 환경책임과 환경책임보험을 연계하여 환경오염 피해에 따른 책임의 분담과 피해구제의 원활을 기한다는 데 있다. 따라서 대상시설의 환경오염피해보험 의무 가입, 즉 강제보험을 최대한 확보하는 것이 성공의 열쇠가 된다. 이러한 배경에서 법은 대상시설 중 환경오염유발 위험성이 특히 높은 유해화학물질 취급시설, 특정대기·수질 유해물질 배출시설, 지정폐기물 처리시설, 특정토양오염관리대상시설, 해양시설을 운영하는 사업자에 대하여는 환경책임보험 가입을 의무화하고 환경책임보험에 가입한 후가 아니면 시설을 설치·운영할 수 없도록 명시하고 있다. 보험가입금액은 시행령에서 시설규모 등을 고려하여 합리적 수준의 최저금액으로 최저 보장계약 금액으로 규정함으로써 기업의 부담을 최소화할 수 있도록 하고, 보험회사가 피해자에게 보험금을 제때에 지급하지 않을 경우를 대비하여 보험금 일부를 선지급하도록 했다.

아울러 환경책임보험을 하려는 자는 환경부장관과 약정을 체결하고, 환경책임보험의 원활한 운영을 위하여 보험자는 대통령령으로 정하는 경우 이외에는 보험계약 체결을 거부할 수 없도록 하는 한편(§ 18), 신속한 피해구제를 위하여 보험금 청구일로부터 일정한 기간이 경과한 후에는 보험금 일부를 선지급하도록 하고, 예비조사 후 지급요건에 해당될 경우에는 구제급여 일부를 선지급할 수 있도록 규정하고 있다(§§ 20, 25 ③).

또한 원인자 불명 등으로 보험을 통한 피해배상이 사실상 불가능한 경우, 피해자 또는 유족에게 환경오염피해 구제를 위한 구제급여를 지급하도록 하고 있다(§ 23).

환경오염피해구제계정 설치 및 취약계층 소송지원

환경오염피해구제계정

환경책임보험 등 오염 원인자의 엄격한 책임 이행을 통해서도 해결하지 못하는 사각지대가 있을 수 있고 피해를 입고도 배상을 받지 못하는 억울한 경우가 생길 수 있다. 법은 이처럼 사각지대에 방치된 피해자 구제를 위해 국가가 구제급여를 지급할 수 있도록 했다(§§ 35~37). 즉 피해자가 환경오염피해의 원인을 제공한 자를 알 수 없거나 원인자 부존재 또는 무능력으로 피해배상을 받지 못하는 경우 환경오염피해구제계정에서 구제급여를 지급할 수 있도록 한 것이다. 법 제35조에 따르면, 보장계약의 체결, 구제급여 관련 업무 수행 등을 하는 운영기관은 보장금의 지급 및 구제급여 등에 필요한 재원에 충당하기 위하여 환경오염피해구제계정을 설정·운영할 수 있다.

취약계층 소송지원

법은 저소득층, 노약자, 장애인 등 권리를 제대로 보장받지 못할 우려가 있는 취약계층 피해자의 권익보호를 위해 법률자문, 소송 서류 작성 등을 지원하며 '환경오염피해소송지원변호인단'을 구성하여 취약계층의 피해자가 환경오염피해 배상청구소송을 제기하는 경우 소송지원변호인단에서 변론을 담당하도록 배려하고 있다 (§ 42).

아직은 효험이 확실치 않은 비방

환경오염피해구제법의 제정은 기존 환경구제의 맹점을 보완하기 위하여 시도된 가장 중요한 처방이라고 평가할 만하다. 환경오염사고는 피해 규모가 크고 광범위한 경우가 많아 사고유발기업은 그 배상책임을 감당하지 못하고, 피해자는 적절한 피해배상을 받지 못하며 결국 정부가 막대한 국고를 투입하게 되는 악순환으로 이어지는 경향이 빈번하다는 점, 더욱이 과학적 인과관계 입증이 용이하지 않은 환경오염사고의 특성상 피해자들이 고통을 당해도 원인 규명에 대한 입증부담을 안고 장기간 쟁송에 휘말림으로써 제때 권리구제를 받지 못하는 경우가 빈번하다는 점을 이유로 2014년 12월 31일 환경피해구제법이 제정되었다. 이 법은 환경책임과 환경책임보험을 연계하여 환경오염피해 발생 시 자동차 책임보험처럼 대부분 보험을 통해 피해자가 신속히 피해배상을 받도록 하고 사고기업도 추가 부담 없이 보험을 통해 배상에 따른 재무리스크를 회피할 수 있도록 하는 동시에 기업 스스로 환경오염사고

리스크를 줄이기 위해 법령을 준수하고 환경안전에 투자하는 등 환경안전관리를 유도한다는 선순환구조를 지향한다. 특히 환경오염으로 인한 피해 구제를 용이하게 하고 권리구제의 사각지대를 해소하는 등 실효성 있는 환경오염 피해구제를 가능케 하기 위하여 오염원인자 부담원칙의 실질적 구현을 위한 무과실책임과 인과관계 추정의 법리를 명문화하는 등 주목할 만한 제도개선을 담고 있다. 그러나 「환경피해구제법」이 과연 환경구제의 사각지대를 해소하는 해결책이 될 수 있을까? 이 특별처방이 실제로 체감도 높은 구제 효과를 거둘 수 있을지는 아직은 미지수로 남아 있다.

「환경피해구제법」의 시행실태는 그런 의문을 뒷받침해준다. 2018년 8월 말 기준 환경책임보험 가입 대상 기업은 총 1만 3,723개(휴·폐업 사업장 제외)로 그중 1만 3,381개 기업이 가입해 97.6%의 가입률을 보였다. 연간 총 보험료 규모는 약 800억 원으로 기업당 평균보험료는 500만~600만 원 수준으로 나타났다. 오염 원인자가 불명하거나 배상능력이 없을 경우 국가가 의료비, 요양생활수당, 장의비, 유족보상비, 재산피해보상비를 지급해주는 구제급여의 경우 2018 상반기 총 31건에 899만 8,110원이 지급된 것으로 집계되었다(환경산업기술원 내부자료).

한편, 환경부는 2019년 9월 11일, 오랜 기간 언론을 통해 원인 미상의 이유로 주민들에게 암, 호흡기질환 등 건강피해가 발생한 마을로 알려진 거물대리 오염 피해 주민 8명에게 구제금을 지급하겠다고 발표했다. 암, 호흡기 질환, 심·뇌혈관 질환, 당뇨병 등 원인을 특정하기 힘든 '비특이성 질환'에 대한 첫 구제금 명목으로 지급된 8명에 대한 구제금 액수는 총 931만 원이었고, 그중 직장암으로 2011년 당시 76세로 사망한 이모 씨의 아들에겐 1만 9,500원의 구제금이 책정됐다. 이씨는 "장난하는 거냐"고 화를 냈다고 한다.[47]

5. 쓰레기종량제의 빛과 그늘

쓰레기종량제는 그 명칭이 시사하는 바와는 달리 종량제봉투값에 의존하는 '봉투값종량제'이다. 그것은 본래의 도입 취지나 목적과는 상관없이 쓰레기 배출을 줄이거나 쓰레기를 덜 발생시키는 제품을 쓰도록 유도하는 등 행태를 바꾸기보다는 종량제봉투값에 부담을 느끼는 사람들에게 고작 봉투값을 줄여야 할 유인으로 작용할 뿐이다.

우리가 제기하는 질문은 쓰레기종량제가 그 제도취지에 맞게 잘 작동해왔는가?

쓰레기종량제 돌아보기

쓰레기종량제란 '쓰레기를 버린 만큼 비용을 낸다'라는 배출자

부담원칙을 적용하여 쓰레기 발생을 원천적으로 줄이고 재활용품의 분리배출을 촉진하기 위한 정책으로 종전 재산세나 건물면적 등을 기준으로 하는 정액부과방식의 쓰레기수수료 부과체계를 쓰레기배출량 쓰레기종량제 봉투 사용량에 비례하는 부과체계로 전환한 것이다.

「폐기물관리법」 제1조에 명시된 「폐기물관리법」의 목적은 "폐기물의 발생을 최대한 억제하고 발생한 폐기물을 친환경적으로 처리함으로써 환경보전과 국민생활의 질적 향상에 이바지하는 것"이다. 이러한 「폐기물관리법」의 목적은 쓰레기종량제에 대해서도 그대로 적용된다. 하지만 이로부터 구체적인 쓰레기종량제의 도입 목적을 도출해내기는 무리이다. 오히려 1995년 8월 4일 일부개정된 「폐기물관리법」이 제시한 개정이유를 살펴보면 단서를 발견할 수 있지 않을까?

폐기물의 발생지 처리책임을 강화하고 처리과정에 대한 관리를 철저히 하기 위하여 폐기물의 분류 및 관리체계를 재정립함과 아울러 폐기물감량정책의 효율적인 추진과 폐기물 배출자의 자체처리촉진 및 폐기물처리업의 경쟁체제 도입을 위한 근거를 마련하고, 폐기물처리시설의 설치촉진과 시설주변지역지원에 관한 사항이 별도의 법률로 제정됨에 따라 관련조항을 정비하려는 것임.

① 폐기물을 일반폐기물과 특정폐기물로 분류하던 것을 발생원에

따라 생활폐기물과 사업장폐기물로 분류하여 원인자 처리책임 및 발생지 처리책임이 철저히 적용되도록 함.

② **생활폐기물 감량정책의 효율적인 추진을 위하여 생활폐기물수수료를 배출량에 따라 차등부담하도록 하는 종량제의 실시촉진근거를 마련함.**

③ 일정 업종 및 규모이상의 사업장폐기물배출자는 폐기물의 발생 억제를 위하여 환경부장관과 관계중앙행정기관의 장이 협의하여 정하는 지침을 준수하도록 함.

위 개정이유 중 "② 생활폐기물 감량정책의 효율적인 추진을 위하여 생활폐기물수수료를 배출량에 따라 차등부담하도록 하는 종량제의 실시촉진근거를 마련한다"고 한 것[48]으로부터 쓰레기종량제 도입의 취지가 '생활폐기물 감량정책' 또는 그 효율적인 추진에 있음을 추정해볼 수 있다. 이와 더불어 쓰레기종량제 도입의 취지 또는 법·정책 목표는 쓰레기종량제의 명시적 근거로 통용되는 「폐기물관리법」 제14조 제5항을 통해 좀 더 분명히 확인할 수 있다.[49]

제14조(생활폐기물의 처리 등) ⑤ 특별자치시장, 특별자치도지사, 시장·군수·구청장은 제1항에 따라 **생활폐기물을 처리할 때에는 배출되는 생활폐기물의 종류, 양 등에 따라 수수료를 징수할 수 있다.** 이 경우 수수료는 해당 지방자치단체의 조례로 정하는 바에 따라 폐

기물 종량제(從量制) 봉투 또는 폐기물임을 표시하는 표지 등(이하 '종량제 봉투 등'으로 한다)을 판매하는 방법으로 징수하되, 음식물류 폐기물의 경우에는 배출량에 따라 산출한 금액을 부과하는 방법으로 징수할 수 있다.

급속한 도시화와 산업구조의 고도화로 인한 인구집중 및 소득수준의 향상에 따라 쓰레기 배출량이 계속 증가하고, 1회용품 사용의 증가, 과다한 포장, 가구·가전제품 폐기, 필요이상의 음식물 소비, 특히 소비행태의 변화로 인해 종래 재활용되었던 폐기물이 그대로 버려지는 현상 등 여러 가지 요인들로 말미암아 쓰레기문제의 해결이 점점 어려워지게 되었다. 이런 배경에서 국민 각자가 실제 배출하는 쓰레기의 양에 따라 수수료를 차등 부담하도록 하는 것이 국민 스스로 쓰레기 배출을 줄이는 방안이라는 생각이 대두되었고, '3R' 정책, 즉 감량화, 재활용, 리사이클링(Reduce, Reuse, and Recycle)을 지향하는 폐기물관리전략의 일환으로 일종의 원인자 부담제도인 쓰레기종량제(Volume-based Waste Fee System)가 도입된 것이다.

쓰레기종량제란 '버린 만큼 비용을 낸다'는 배출자부담원칙을 적용하여 쓰레기 배출량에 따라 배출자에 비용을 부담시킴으로써 쓰레기 발생을 원천적으로 억제하고 재활용품의 분리배출을 촉진하기 위한 경제적 유인수단이다. 이것은 과거 재산세나 건물면적 등을 기준으로 하는 정액부과방식의 쓰레기 수수료 부과체계를 쓰레기 배출량, 즉 종량제 봉투 사용량에 비례하는 부과체계로 전환한 것으로서 1995년 1월 1일부터 전국적으로 시행되었다.

쓰레기종량제의 핵심은 '생활폐기물'을 시장·군수·구청장 등이 제작·판매하는 규격봉투에 담아 배출하도록 강제하는 데 있다. 즉, 종량제 봉투 사용량으로 표출되는 쓰레기 배출량에 따라 수수료를 부과하여 국민에게 쓰레기 배출을 줄이는 동기를 부여함과 아울러 재활용품 분리 배출을 유도하여 배출단계에서 쓰레기 배출 억제 및 감량화를 달성하려는 데 목적이 있다.

쓰레기종량제는 생활폐기물과 사업장생활계 폐기물 중 생활폐기물과 성상이 유사하여 생활폐기물의 기준 및 방법으로 수집·운반·보관·처리할 수 있는 폐기물에 대하여 실시하고 있고, 시행에 필요한 세부사항은 '쓰레기 수수료 종량제 시행지침'(2019.4. 개정)을 정하여 운용하고 있다(환경백서, 2020: 568). 종량제 실시 지역은 2018년 현재 전국 3,510개 읍·면·동 중 3,507개 지역으로 전체 행정구역의 99.9%가, 전체 2,204만 3,000가구 중 2,102만 9,000가구가 종량제를 실시하는 것으로 집계되고 있다(환경백서, 2020: 568).

종량제봉투 제작량과 판매량은 감소하고 있다. 2018년 종량제봉투 제작량은 1,202,190천 매로 2017년 1,241,728천 매보다 3.2% 감소했고, 판매량은 2018년 1,025,257천 매로 2017년 1,099,256천 매보다 6.7% 감소한 것으로 보고되고 있다. 가정용 종량제 봉투별 평균 판매가격은 10리터 257원/매, 20리터 507원/매로 나타났다.

쓰레기종량제는 쓰레기 배출자로 하여금 그 처리 비용을 부담케 하여 배출을 억제한다는 취지 아래 도입된 제도지만 종량제 봉투값 수입만으로는 전체 쓰레기 처리 비용의 30% 정도밖에 카버하지 못하며, 나머지는 특별자치시장, 특별자치도지사, 시장·군수·구청장 등 지방자치단체가 부담하고 있어[50] 쓰레기종량제의 시행은 무분별한 배출에 대한 최소한의 방어선에 불과하다는 지적을 받고 있다.

쓰레기종량제의 법적 근거

쓰레기종량제의 법적 근거는 「폐기물관리법」 제14조 제5항이다. 이에 따르면 특별자치시장, 특별자치도지사, 시장·군수·구청장은 제1항에 따라 생활폐기물을 처리할 때에는 배출되는 생활폐기물의 종류, 양 등에 따라 수수료를 징수할 수 있고, 이 경우 수수료는 해당 지방자치단체의 조례로 정하는 바에 따라 폐기물 종량제 봉투 또는 폐기물임을 표시하는 표지 등(이하 '종량제 봉투 등'으로 한다)을 판매하는 방법으로 징수하되, 음식물류 폐기물의 경우에는 배출량에 따라 산출한 금액을 부과하는 방법으로 징수할 수 있도록 되어 있다. 「폐기물관리법」 제14조 제7항에 따라 각 지방자치단체에서 종량제 봉투 등의 판매 방식에 따른 생활폐기물 처

리수수료 징수에 관한 조례, 즉 쓰레기종량제 조례를 제정하여 시행하고 있다.[51]

쓰레기종량제의 적용지역과 대상

적용지역

쓰레기 수수료 종량제는 「폐기물관리법」 제14조 제1항에 따른 생활폐기물 관리지역에 적용된다. 특별자치도지사 또는 시장·군수·구청장은 법 제14조 제1항 단서에 따라 가구 수가 50호 미만인 지역, 산간·오지·섬지역 등 차량의 출입 등이 어려워 생활폐기물을 수집·운반하는 것이 사실상 불가능한 지역을 '생활폐기물관리제외지역'을 지정할 수 있다.

다만 생활폐기물관리제외지역으로 지정된 지역 중 일정한 기간에만 다수인이 모이는 해수욕장·국립공원 등 관광지나 그 밖에 이에 준하는 지역(등산로·유원지 등)에 대하여는 이용객의 수가 많은 기간에 한정하여 그 지정의 전부 또는 일부를 해제할 수 있고 따라서 이들 '공공지역'에 대해서도 이용객수가 많은 기간에 한해 쓰레기 수수료 종량제를 적용할 수 있다(「폐기물관리법시행규칙」 §15 ②).

대상

쓰레기종량제의 적용 대상 폐기물은 주로 가정에서 배출되는 생활폐기물과 사업장 일반폐기물 중 생활폐기물과 성질과 상태가 비슷하여 생활폐기물의 기준·방법으로 수집·운반·보관·처리할 수 있는 사업장 생활계폐기물이다. 즉 쓰레기종량제는 가정쓰레기, 다량 배출자가 아닌 소규모 사업장의 일반 쓰레기를 대상으로 하고, 연탄재나 대형폐기물, 재활용 가능한 폐기물, 일반폐기물의 다량 배출자의 폐기물은 적용대상에서 배제되고 있다.

생활폐기물

쓰레기종량제의 대상으로서 '생활폐기물'의 개념과 범위는 「폐기물관리법」에 따라 정해진다.

사업장생활계 폐기물

초기에는 생활폐기물에 대해서만 종량제를 시행했으나 폐기물을 1일 평균 300킬로그램 이상 배출하는 사업장 폐기물로서 생활폐기물과 성상이 유사하여 생활폐기물의 기준 및 방법으로 수집·운반·보관·처리할 수 있는 폐기물에 대하여도 가능한 종량제를 확대 적용하도록 지방자치단체에 권장함에 따라 각 지방자치단체들이 조례에 근거를 마련하여 사업장생활계 폐기물[52]에 대해서도 폐기물수수료 종량제를 실시하도록 하고 있다. 다만, 주택난방용 연탄재, 재활용가능품, 대형폐기물은 통상 대상에서 제외된다.[53]

음식물쓰레기

음식물쓰레기의 처리는 한국 폐기물정책이 직면한 가장 어렵고 도 시급한 과제 중 하나로 지목되어왔다. 실제로 음식물쓰레기 발생량이 지속적으로 증가하고 있어 정책적 대응이 시급한 과제로 대두되고 있다. 특히, 음식물쓰레기 직매립 금지(2005.1.1.) 이후 분리 배출되는 음식물쓰레기가 증가했고, 생활수준이 향상되고 세대수(1~2인 가구가 전체의 48% 차지)가 늘어남에 따라 음식물쓰레기 발생량이 꾸준히 증가해왔다. 이에 따라 음식물쓰레기 발생량이 전체 생활폐기물에서 차지하는 비중도 계속 커져왔다.

음식물류 폐기물 발생량은 2018년 1일 1만 6,221톤으로 전체 생활계폐기물발생량(5만 6,036톤/일)의 28.9%를 차지했다. 음식물쓰레기의 점유율은 2008년 29.1%로 정점을 찍은 후 점차 감소했으나 2015년부터 다시 증가 추세였다가 2018년 미세한 감소세를 보였다(환경백서, 2020: 569, 표 2-3-3-22).

음식물류폐기물정책은 음식물쓰레기 배출로 인한 경제적, 사회적 비용 증가와 에너지·기후변화에의 악영향 저감을 위해 사후처리 위주에서 사전발생 억제로 방향을 전환하고 있다. 정부는 2010년 관계부처 합동 「음식물쓰레기 줄이기 종합대책」을 수립, 시행했고, 2013년부터 '버린 만큼 비용을 부과하는' 음식물류 폐기물 종량제를 전국적으로 확대·시행하고 있다(환경백서, 2020: 569).

음식물쓰레기종량제는 일부 지방자치단체 중심으로 시행되다가

2014년 1월부터 전국으로 확대·시행하고 있다. 특히 2012년부터 RFID 기반 종량제방식을 본격적으로 도입·추진하여 2019년 말 현재 총 152개 시·군·구에서 시행하고 있다(환경백서, 2020: 570).

쓰레기종량제의 내용

쓰레기종량제는 중량 기준이 아니라 부피를 기준으로 수수료를 산정한다. 그리고 그 부피를 측정하는 용기로 종량제봉투 등을 사용하도록 하고 있다. 관할 구역에서 배출되는 생활폐기물 처리 책임을 지는 특별자치시장, 특별자치도지사, 시장·군수·구청장은 생활폐기물을 처리할 때, 배출되는 생활폐기물의 종류, 양 등에 따라 수수료를 징수할 수 있는데(§ 14 ⑤ 제1문), 그 경우 수수료는 해당 지방자치단체의 조례로 정하는 바에 따라 폐기물 종량제봉투 또는 폐기물임을 표시하는 표지 등을 판매하는 방법으로 징수하되, 음식물류 폐기물의 경우에는 배출량에 따라 산출한 금액을 부과하는 방법으로 징수할 수 있다(§ 14 ⑤ 제2문).

반면 음식물류 폐기물 종량제의 방식은 세 가지(전용봉투, RFID, 납부칩·스티커)로 지자체별로 지역 여건에 따라 선정하여 시행하고 있다. 전용봉투방식은 배출자가 음식물 전용봉투를 구입(수수료 선납)하여 배출하며, 납부칩·스티커방식은 배출자가 '납부칩' 등 구입 후 이를 수거용기에 부착하여 배출하고, RFID 방식은 배출원 정보가 입력된 전자태그를 통해 배출원별 정보를 수집하고 배출무

게를 측정하여 수수료를 부과하는 방법으로 종량제 취지에 가장 적합하여 환경부에서 권장하는 방식이다(환경백서, 2019: 655).

음식물류 외 쓰레기종량제의 세부적 내용은 「쓰레기 수수료 종량제 시행지침」이 정하고 있는데 이를 간략히 살펴보면 다음과 같다.

각 가정과 사업장은 폐기물을 버리기 위해서는 종량제봉투를 구입하여 사용하여야 한다. 그러나 연탄재와 재활용가능폐기물(종이, 고철, 캔, 병, 플라스틱)은 규격봉투에 담지 않고 지정된 정기 수거일에 지정된 장소에 배출하거나 지방자치단체의 여건에 따라 조례에서 정하는 별도의 방법에 따라 배출하면 무료로 수거해가고 있고, 폐가구·폐가전제품 등 대형폐기물은 별도의 수수료를 부담하여 처리하도록 하고 있다.

쓰레기종량제의 성과

쓰레기종량제의 성과는 전반적으로 긍정적인 평가를 받고 있다.

첫째, 이 제도가 전국에 걸쳐 극히 높은 확산율을 달성했다는 점이다. 종량제 실시 지역은 전체 행정구역의 99.9%가, 전체 2,204만 3,000가구 중 2,102만 9,000가구가 종량제를 실시하는 것으로 집계되었다(환경백서, 2020: 568).

둘째, 쓰레기종량제 실시 이후 쓰레기 배출량이 감소하고 재활용량이 증가한 것으로 나타났다(환경부, 2005). 또한 생활폐기물 수거에 있어 종량제봉투에 의한 수거 비중이 높게 유지되고 있다는 점도 주목된다. 한 연구에 따르면, 쓰레기종량제 실시 이후 총폐기물 발생량은 28% 감소되었고 재활용량은 50% 증가된 것으로 나타났고, 쓰레기종량제가 생활폐기물 배출총량 감소와 재활용량 증가에 긍정적 효과를 미친 것으로 분석되고 있다(정광호·서재호·홍준형, 2007: 197). 또한 환경부의 한 연구용역에 따르면 쓰레기종량제 실시로 쓰레기 발생량의 감소, 재활용품의 증가, 쓰레기 처리방법의 전환 등의 효과가 발생했고, 그 밖에 청소행정 서비스의 개선, 쓰레기 재활용 산업과 기술의 발전, 국민들의 생활쓰레기 배출에 대한 의식의 전환 등의 성과를 거두었다고 분석되었다(한국산업관계연구원·환경부, 2005: 173 이하).

환경부는 쓰레기종량제 실시로 국민의 환경의식이 총체적으로 향상되는 계기가 마련되었고, 소비자와 기업 모두 쓰레기배출을 감소시키는 제품·생산공정을 선호하게 되었으며, 자치단체에서도 쓰레기행정의 비즈니스마인드(business mind)가 확산되는 계기가 되고, 재활용품 공급 확대에 따라 재생산업이 활성화되고 있다는 등 성과를 제시한 바 있다(환경백서, 2000: 3부 5장).

폐기물 발생현황을 보면, 폐기물의 총 발생량은 점진적으로 증가 추세이고 사업장폐기물 중 건설폐기물과 지정폐기물의 발생량도 매년 점진적으로 증가추세를 보이는 반면 생활폐기물 총발생량

표 4-3 **연도별 폐기물 발생현황**

(단위: 톤/일)

구분		2008	2009	2010	2011	2012	2013	2014	2015	2016	2017	2018
생활폐기물*		52,072	50,906	49,159	48,934	48,990	48,728	49,915	51,247	53,772	53,490	56,035
사업장폐기물	계	316,508	316,015	325,483	334,399	345,506	344,388	351,743	366,967	375,356	376,041	390,067
	배출시설계	130,777	123,604	137,875	137,961	146,390	148,443	153,189	155,305	162,129	164,874	167,727
	지정	9,284	9,060	9,488	10,021	12,487	12,407	13,172	13,402	13,783	14,905	15,389
	건설	176,447	183,351	178,120	186,417	186,629	183,538	185,382	198,260	199,444	196,262	206,951

* 생활폐기물은 생활폐기물, 사업장생활폐기물, 공사장생활폐기물을 함께 포함한 수치임
자료: 2018 전국 폐기물 발생 및 처리현황, 2018 지정폐기물 발생 및 처리현황(2019, 환경부)

은 상대적으로 증가추세가 그리 뚜렷하지는 않다(환경백서, 2020: 542, 표 2-3-3-2).

폐기물의 종류별 발생량 변화추이를 살펴보면 생활폐기물 발생량은 종량제를 시행하기 전인 1994년에 1.3kg/일·인이었으나, 종량제의 시행으로 감소하여 1997년 이후부터는 0.94kg/일·인~1.05kg/일·인 사이에서 소폭 증감을 반복했다. 2018년 발생량은 1.06kg/일·인으로 2017년 1.01kg/일·인 대비 약 5% 증가했고 이는 OECD 국가의 평균발생량 2016년 기준 1.19kg/일·인과 비교하면 비교적 낮은 수준으로 환경부는 종량제 시행, 재활용품 및 음식물류폐기물 분리배출정책에 기인하는 것으로 보고 있다(환경백서, 2020: 541~542).

반면 사업장폐기물은 지속적으로 증가하는 경향을 보이며 우리나라의 경제성장 정도를 반영하고 있다. 특히 1990년 말부터 2000년 말까지의 건설경기를 반영하여 건설폐기물의 발생량이 크게 증가했으며 경제규모에 대응하여 사업장배출시설계 및 지정폐기물의 발생량도 증가했다. 2011년부터는 건설경기의 침체로 건설폐기물의 발생량이 그다지 증가하지 않은 반면, 산업생산의 증가로 인한 사업장 배출시설계폐기물의 발생량이 지속적으로 증가하는 경향을 보인다. 지정폐기물 또한 관련산업의 성장에 따라 지속적으로 증가하고 있는 추세이다(환경백서, 2020: 542).

셋째, 폐기물 처리구조 면에서도 긍정적인 변화가 이루어졌다. 실제로 1995년 종량제 시행 이후 매립 또는 소각 처리되는 폐기물의 양은 재활용률의 지속적인 증가로 인해 감소했다(환경백서, 2011: 537). 2018년 기준 폐기물 처리방식 현황을 보면, 생활 및 사업장을 포함하는 전체 폐기물의 7.8%가 매립, 5.9%가 소각, 86.1%가 재활용으로 처리된 것으로 나타났다. 재활용 비율은 증가하는 추세인 반면 매립 비율은 감소하는 추세를 보이고 있다. 재활용률의 지속적 증가는 쓰레기종량제가 생활폐기물 배출총량 감소와 재활용량 증가에 긍정적 효과를 미쳤을 가능성이 있음을 시사해준다.[54]

생활폐기물의 경우, 〈표 4-4〉에서 보는 바와 같이, 매립처리 비

표 4-4 **생활폐기물 처리현황**

(단위 : 톤/일)

구분	2005	2007	2009	2010	2011	2012	2013	2014	2015	2016	2017	2018
계	48,398	50,346	50,906	49,159	48,934	48,990	48,728	49,915	51,247	53,772	53,490	56,035
매립	13,402	11,882	9,471	8,797	8,391	7,778	7,613	7,813	7,719	7,909	7,240	7,525
소각	7,753	9,348	10,309	10,609	11,604	12,261	12,331	12,648	13,176	13,610	13,318	13,763
재활용	27,243	29,116	31,126	29,753	28,939	28,951	28,784	29,454	30,352	32,253	32,932	34,747

자료: 2018 전국 폐기물 발생 및 처리현황(2019, 환경부)

율은 지속적으로 낮아지는 반면 폐자원에너지화 정책에 따라 소각 비율은 증가하는 추세를 보였다. 2018년에는 24.6%를 소각처리했다. 재활용 비율은 2008년 59.0%를 넘어섰고, 2018년에는 62.0%를 재활용했다(환경백서, 2019: 638 표 2-3-3-4).

2010년도 통계지만, 생활폐기물 전체 수거량 중 종량제봉투에 의한 수거량이 42.3%, 음식물류쓰레기 수거량이 30.9%를 차지한 것을 보더라도 종량제의 효과를 어느 정도 추정해볼 수 있다(환경부·한국환경공단, 2011). 환경부는 그간 쓰레기종량제 실시, 재활용 정책 및 폐자원에너지화 정책에 힘입어 폐기물처리구조가 단순 매립 위주에서 폐자원을 선순환시키는 자원순환형으로 전환되고 있다고 평가하고 있다(환경백서, 2020: 543).

2018년 음식물류폐기물 발생량은 1일 1만 6,221톤으로 전체 생활계폐기물 발생량(5만 6,036톤/일)의 약 28.9%를 차지한다. 발생량은 2017년 대비 증가했으나 생활계폐기물총량에서 차지하는 비율은 미세하게 줄어든 것으로 나타났다(환경백서, 2020: 569).

표 4-5 **생활계폐기물 중 음식물류폐기물 점유비율**

(단위 : 톤/일)

구분	2006	2007	2008	2009	2010	2011	2012	2013	2014	2015	2016	2017	2018
생활 폐기물 발생량	48,844	50,346	52,072	50,906	49,159	48,934	48,990	48,723	49,915	51,247	53,772	53,490	56,036
음식물 류 폐기물 발생량	13,372	14,452	15,142	14,118	13,671	13,537	13,209	12,663	13,697	15,340	15,680	15,903	16,221
점유율 (%)	27.4	28.7	29.1	27.7	27.8	27.7	27.0	25.9	27.4	29.9	29.2	29.7	28.9

자료: 환경백서, 2020: 569 표 2-3-3-22

끝으로, 지방자치단체의 폐기물관리행정의 변화도 쓰레기종량제가 가져온 긍정적인 성과로 꼽힌다. 청소행정의 경영성과 제고 및 서비스 향상을 위한 자치단체별 정책경쟁이 벌어지고 특히 쓰레기 수거방식이 후진국형 주민상차식에서 선진국형 문전수거식으로 전환되었으며, 쓰레기 감량에 따른 잉여인력과 장비를 재활용품 수집 운반분야에 투입하는 등 재활용품 수거행정이 개선되는 변화가 뒤따랐다.

이와 같이 쓰레기종량제로 생활쓰레기 배출량 감소와 재활용량 증가, 폐기물처리구조의 개선, 지방자치단체의 쓰레기관리행정의 변화, 소비자, 가구의 생활쓰레기 감량 및 재활용에 관한 의식 제고 효과 등 괄목할 만한 성과가 나온 것은 사실이다.

그러나 쓰레기종량제는 생활쓰레기 발생총량 감소에 얼마나 기여했는지는 여전히 불분명하다. 쓰레기종량제의 근거인 「폐기물관리법」제14조 제5항과 그 조항에 내장된 쓰레기종량제 정책의 목표가 얼마나 잘 달성되었는지, 쓰레기종량제가 성공적으로 그 목표를 달성했는지는 정작 불분명하다는 것이다. 이러한 사실은 무엇을 의미할까? 물론 열악한 여건에서 많은 도전과 역경을 돌파하여 위에서 살펴본 바와 같은 성과를 거둔 것은 충분히 평가할 만하다.

OECD에서 환경정책수단 데이터베이스(PINE database)를 통해 49개 국가에서 시행되는 530개 이상의 수수료 및 부과금 제도를 소개하면서 그 대표적 사례의 하나로 한국의 쓰레기종량제(volume-based fee system for municipal waste)를 소개한 것도 그 점을 잘 보여준다.[55]

앞으로 쓰레기종량제가 더 나은 성과를 거두고 성공의 탄탄대로를 걸으려면 여전히 갈 길이 멀다. 무엇보다도 쓰레기종량제의 쓰레기 감량효과를 객관적으로 확인하기 위한 데이터의 축적과 이에 대한 체계적인 추적조사와 분석·평가가 필요하다. 여전히 쓰레기종량제의 순효과에 대해서는 알려진 것이 많지 않다. 아울러 생활쓰레기 배출자의 배출행태에 영향을 미치는 요인들을 알아야 쓰레기종량제 시행이 배출 억제 및 포장재 등 쓰레기 발생을 최소화하려는 소비행태 유인화(incentivization)에 어떠한 영향을 미쳤는지를 파악할 수 있다. 주거형태 면에서 공동주택 밀집지역과 일반 주택 거주자들의 차이, 농촌과 도시지역(대도시, 중소도시 등), 가족구성이나 인구구조 등 다양한 요인들이 그러한 유인화 과정에 관여할 것으로 예상되는데 이에 대한 서베이나 빅데이터, AI 기반 실험설계 기반 조사·연구를 통해 종량제 대상집단의 행태를 좀 더 정확히 파악해야 올바른, 주효한 법·정책적 대응이 가능하지 않을까? 가령 가계 수준에서 생활쓰레기 감량화를 촉진시킬 인센티브로는 어떤 것들이 있을까? 아파트 등 공동주택 단위로 종량제봉투 배출 총량을 감소시키도록 유도하고 그 실적에 따라 인센티브를 부여하는 방안이라든가 종량제 봉투 가격을 적정한 수준으로 인상시켜 배출량 감소효과를 키우는 방안 등을 생각해볼 수 있을 것이다. 하지만 종량제봉투가격의 인상은 자칫 가계부담 상승만 초래할 우려가 있고 일종의 준조세 같은 효과만을 낼 가능성이 있을 뿐만 아니라 소득수준에 따라서 그 영향이 차별화될 것이고 서민계층의 반발이 우려되는 등 실행가능성 면에서도 문제가 많다. 오히려 일회용품 억제, 포장폐기물 발생억제 등 발생원 대책이 더 효과적일 것으로 생각된다. 쓰레기종량제가 본연의 정책목표인 쓰레기 발생량 감소 효과를 극대화하려면 종량제봉투 가격 및 변동의 영향, 행위자들의 유인과 이해관계에 대한 과학적 증거기반 분석이 선행되어야 하고, 쓰레기 총량규제의 설계에 대한 연구조사도 필요하다.

쓰레기종량제는 쓰레기 발생량 감소, 재활용품 증가, 쓰레기행정 서비스 개선 등 가시적인 성과를 거두었지만, 음식물쓰레기 문제나 1회용품 및 포장폐기물 감량화 문제, 분리수거의 문제점, 재활용시설 부족, 종량제봉투의 불법 제작과 유통 문제,[56] 불법투기, 부적정 처리 문제 등 효과적인 폐기물정책을 통해 개선해야 할 과제들이 남아 있다. 문제해결을 위한 정책대안을 강구하여 제도를 업그레이드할 필요가 있다.

1 이처럼 미국의 국가환경정책법 제102조(NEPA § 102)의 규정이 환경영향평
   가제도의 효시라 할 수 있다. 각국의 환경영향평가제도에 관하여는 전재경,
   1994, 『환경영향평가법연구』, 한국법제연구원; 전병성, 1992, 「우리나라 환
   경법의 발전과 환경정책기본법의 제정」, ≪환경법연구≫ 제14집, p.112 이
   하 참조.

2 독일의 경우에도 1985년 6월 27일 의결된 「일정한 공적·사적 사업에 있어
   환경영향평가에 관한 유럽공동체평의회 지침」(Die Richtlinie des Rates
   über Umweltverträglichkeitsprüfung bei bestimmten öffentlichen und
   privaten Projekten)을 국내에 실시하기 위한 시행법률(Umsetzungsgesetz)
   로서 1990년 2월 12일 제정된 법률에 따라 기본법(Stammgesetz)으로서 환
   경영향평가법(UVPG)이 제정되었다. 이 법률은 연방법 및 주법상 환경영향
   평가에 관한 특별한 규정이 없는 경우에만 보충적으로 적용되는데, 이에 따
   르면 환경영향평가는 동법 부속규정에 제한적으로 열거된 각종 사업의 인·
   허가 등을 위한 사전적 행정절차로서 실시되도록 되어 있다(Bender/Spar-
   wasser, aaO, Rn.79(S.27).

3 이러한 의미에서 환경영향평가를 비독립적 행정절차라고도 부를 수 있다.

4 https://www.eiass.go.kr/openapiguide/kei_html/chapter01.html.

5 연방대법원도 이 법리를 수용했는데, 그 정점을 이룬 것은 오버톤공원판결
   (Citizens to Preserve Overton Park v. Volpe, 401 U.S.402, 1971)이었다.
   이 판결에서 연방대법원은 교통부가 1968년 연방보조고속도로법(Federal
   Aid Highway Act)에 따라 고속도로 건설을 위한 공원수용 결정을 내림에 있
   어 과도한 재량권을 행사했다고 판시한 연방하급심판결을 지지했다. 엄격심

사이론에 대하여는 백윤기, 1995, 「미국 행정소송상 엄격심사원리에 관한 연구 - 한국판례와의 비교분석을 중심으로」, 서울대학교 법학박사학위논문 참조.

6   대법원 2006.6.30. 선고 2005두14363 판결(국방군사시설사업실시계획승인 처분무효확인).

7   대법원 2001.6.29. 선고 99두9902 판결(경부고속철도서울차량기지정비창 건설사업실시계획승인처분취소). 同旨 대법원 2006.3.16. 선고 2006두330 전원합의체 판결(정부조치계획취소 등).

8   대법원 2004.12.9. 선고 2003두12073 판결(납골당허가처분무효확인). 또한 대법원 2001.7.27. 선고 99두2970 판결(용화집단시설지구기본설계변경승인 처분취소) 참조.

9   대법원 2001.7.27. 선고 99두5092 판결(공원사업시행허가처분취소재결취 소). 대법원은 따라서 피고 환경부장관이 이 사건 자연공원사업에 관하여 부 정적인 의견을 회신했음에도 내무부장관과 공단이사장이 위 변경처분 및 이 사건 처분을 한 것은 환경영향평가 협의내용을 제대로 반영하지 않은 것으 로서 자연공원법령 및 환경영향평가법령에 위배한 하자가 있다는 취지의 원 심 판단 부분은 잘못이라고 판시했다.

10 광주고법 2007.4.26. 선고 2003누1270 판결(국토이용개발계획변경결정취 소 등 확정).

11 서울행법 2010.4.23. 선고 2008구합29038 판결(공사계획인가처분취소 등 확정). 김현준, 2011, 「환경권, 환경행정소송 그리고 사법접근성」, ≪사법≫ 17호, 사법발전재단 참조.

12 환경부, 2015, 2016, 『환경통계연감』, p.547 참조.

13 배출부과금의 부과현황이나 부과 받는 측의 금전적 부담에 대해서는 이를 확인할 자료가 미비하다. 다만, 2009년의 한 연구(민동기, 2009)는 배출부과 금 부과액은 오염물질 처리단가의 약 4배 이상을 부과하고 있어 환성사원의

비효율적 배분을 초래하고 있고 과도한 부과금 부과로 배출부과금 징수율은 환경관련 부과금 중 가장 낮은 수준에 머무르고 있다고 지적했고 또 다른 연구(유영성·고재경, 2007)는 고액 부과에 따른 납부포기 및 행정소송 등으로 체납이 유발되고 있다고 보고하고 있다.

14 대기환경보전법 시행규칙 [별표 8] 대기오염물질의 배출허용기준(제15조 관련) 참조.

15 가령 배출허용기준에 의한 배출부과금제는 배출시의 농도만을 따지는 것이기 때문에 배출허용기준을 하회하도록 물로 희석하여 배출시키거나, 가스를 섞어 배출시키는 등의 탈법행위가 발생하게 되는데 이를 환경규제당국이 언제나 통제하거나 적발할 수 있는 것은 아니기 때문에 문제가 된다.

16 일본의 경우에도 총량규제방식은 지역환경의 보전을 위하여 우수한 방법이지만 현실적으로는 지역의 환경허용량의 산정이 기술적으로 곤란하며 가령 총배출량이 산정될 수 있다고 해도 개별적으로 사업자 등에게 공평하게 할당하는 방법을 찾기가 어렵다는 난점이 있다고 지적된다(小高剛, 1992: 190).

17 https://www.sisul.or.kr/open_content/traffic/toll/guide.jsp.

18 경제학적 관점에서 혼잡이란 일종의 외부비용 또는 외부성(external cost: 'externality')을 의미한다.

19 Koch, 2002, Umweltrecht, 116 § 3 Rn.120.

20 배출권거래법은 「탄소중립·녹색성장 기본법」에 따른 국가 온실가스 감축목표를 효율적으로 달성하고 전 세계적인 기후변화 대응 노력에 적극 동참하기 위하여 온실가스를 다량으로 배출하는 업체에 온실가스 배출권을 할당하고 시장을 통해 거래할 수 있도록 하는 제도를 도입하는 것을 목적으로 한다. 배출권거래제 내용은 KRX배출권시장 정보플랫폼(https://ets.krx.co.kr/contents/ETS/07/07010000/ETS 07010000.jsp) 참조.

21 이 두 가지 할당방식은 반드시 어느 것이 정답이라 할 수는 없고 각국의 여건이나 정책에 따라 차별화될 수 있다. GF 방식은 탄소배출을 줄일수록 할당을

덜 받게 된다는 문제가 따르는 데 비해 BM 방식은 공정성 문제를 해소하고 감축 유도가 가능하다는 점에서 GF 방식에서 BM 방식으로의 전환은 발전적인 결과로 평가된다. 우리나라는 제2차 계획기간 중 BM 적용비중을 확대했으나 BM 계수 설정기준이 EU의 그것에 비해 낮아서 문제가 될 수 있다.

22 2021.3.11. 자 뉴스타파 기사 "프로젝트 1.5℃: 고장난 배출권 거래제 … 온실가스 내뿜고 돈 번 기업들"(https://newstapa.org/article/eRQBR) 참조.

23 2009년 처음으로 2020년 국가 온실가스 배출전망치(BAU) 대비 30%를 감축하겠다는 목표를 확정했고, 2010년 이를 「저탄소녹색성장기본법」 시행령 제25조에 반영했다. 2014년 구축된 세부적 로드맵은 이행되지 않았다. 2015년 6월 제21차 기후변화협약 당사국총회(COP26)를 앞두고 2030년까지 BAU 대비 37%를 감축할 것임을 선언한 '2030 국가 온실가스 감축 목표'를 정하고 2016년 5월 24일 녹색성장기본법 시행령을 개정했으나, 이 조항 또한 제대로 시행되지 못한 채 다시 2030년까지 2017년 온실가스 총배출량의 24.4%만큼 감축하는 것으로 재개정되었다.

24 김남진, II, p.532 이하; 홍천룡, 「환경오염피해의 구제」, ≪환경법연구≫ 제14집, p.6 이하; 오석락, 1991, 「환경소송의 제문제」, p.20 이하; 保木本一郎, 「公害規制の性格と特色」, p.252: Ogus, A., 1982, *The Regulation of Pollution, in: Policing Pollution, A Study of Regulation and Enforcement*, Clarendon Press, Oxford, p.30f.

25 ≪한국일보≫ 1986.11.7. 11면 기사 참조.

26 대법원 2021.3.11. 선고 2013다59142판결.

27 http://www.keiti.re.kr/env/relief.html.

28 「환경오염피해구제제도 주요내용」(환경부 2016.4.): 환경감시단 김현, 환경오염피해배상 및 구제에 관한 법률 법령해설(http://www.me.go.kr/hg/file/readDownloadFile.do?fileId=127478&fileSeq=3).

29 예컨대 ≪한국일보≫ 2021년 9월 2일 자 기사 "진폐증 피해 1심 판결에만 5

년 … 그 사이 피해자 3명이 사망했다"(https://www.hankookilbo.com/ News/Read/A2021082312420003014) 참조.

30 가령 J. C. Smith, 1984, *The Process of Adjudication and Regulation, a Comparison*, in: Rights and Regulation, p.91f. 참조.

31 南博 方, 1992/9,「ジュリスト」, 二〇周年を迎えた公害調整委員會, p.30.

32 종래 환경보전법의 분쟁조정제도는 당초의 기대와는 달리 실제로 이용률이 극히 미미했다. 그 원인으로는 ① 분쟁조정위원이 비상근·임기 2년으로 되어 있어 전문성·독자성을 기할 수 없었고 따라서 공신력을 발휘하지 못한 점, ② 환경분쟁의 특성상 제3자 전문가의 지원을 가능케 할 기구가 없었다는 점, ③ 분쟁처리방식의 소극성·피동성, ④ 분쟁조정신청의 절차적 복잡성 등이 지적되고 있다(전병성, 1992, 「환경오염피해분쟁조정법」, ≪사법행정≫, 92/2, p.45).

33 종전의 환경보전법상 조정제도는 조정조서에 화해조서와 동일한 효력, 즉 확정판결과 동일한 효력을 부여하고 있었으나, 개정법은 환경분쟁을 민사분쟁으로 보아 사법부의 판단에 맡기려는 취지에서 이를 완화시켰던 것이라 한다(전병성, 1992: 48 각주 3).

34 환경분쟁사건처리 등 통계자료(2020.12.31. 기준: https://ecc.me.go.kr/front /board/boardContentsView.do).

35 이에 관한 문헌목록은 길다. 대표적으로 홍준형, 2010, 「환경갈등과 조정: 쟁점과 대안」, ≪환경법연구≫, 한국환경법학회 제32권 제3호, pp.385~416; 홍준형, 2006, 「환경분쟁조정제도의 실효성 및 실효성 제고방안에 대한 고찰」, ≪환경법연구≫ 제28권 제1호, pp.356~382; 강정혜, 2008, 「대체적 분쟁해결제도(ADR)로서의 환경분쟁조정과 환경소송」, ≪환경법연구≫ 30(3), pp.185~204; 전경운, 2004, 「환경분쟁조정제도의 현황과 문제점」, ≪환경법연구≫ 제26권 3호, pp.219~242; 김세규, 2002, 「환경분쟁조정제도에 관한 연구」, ≪환경법연구≫ 제24권 1호, pp.294~319 등을 참조. 이들 논의에서

나온 개선방안은 부분적으로 법개정 등을 통해 반영되기도 했다. 한편 제도개
선방안에 관해서는 강형신, 2013, 「환경분쟁조정제도개선방안」, 환경부 교육
훈련보고서; 한국환경정책·평가연구원, 2006, 「환경분쟁조정 기능 강화 등
중장기 발전 방향 연구」, 중앙환경분쟁조정위원회 제출 연구보고서 등 참조.

36 ≪한국농어민신문≫ 2021.12.21. 4면 기사 참조(http://www.agrinet.co.kr
/news/articleView.html?idxno=305851).

37 구미 불산사고가 그 전형적인 사례였다. 2012년 9월 구미의 한 화학공장에
서 탱크로리의 불산을 공장 저장탱크로 옮기던 중 작업자 부주의로 밸브를
건드려 누출사고가 발생했다. 이로 인해 대규모 인명·물적피해가 발생했다.
정부는 특별재난지역을 선포하고, 사고 수습을 위해 554억 원의 국고를 투
입했다.

38 이 법률에 대한 전반적인 평가에 관해서는 김홍균, 2015, 「환경오염피해 배
상책임 및 구제에 관한 법률의 평가와 향후 과제」, ≪환경법연구≫ 제37권
제2호, pp.141~175; 정남철, 2015, 「새로운 環境責任法制의 導入과 被害救
濟節次의 問題點: 특히 「환경오염피해 배상책임 및 구제에 관한 법률」의 내
용과 문제점을 중심으로」, ≪환경법연구≫ 제37권 제2호, pp.249~274 참조.

39 「환경오염피해구제법」에 관한 설명은 홍준형(2021: 427~434, 454~457)
에 따른 것임을 밝혀둔다.

40 가령 대법원 2001.2.9. 선고 99다55434 판결(손해배상(기)).

41 배상책임한도는 2천억 원의 범위에서 시설의 규모 및 발생될 피해의 결과
등을 감안하여 시행령으로 정하도록 위임되어 있다. 참고로 독일의 환경책
임법에서는 2,400억 원, 우주손해배상법에서는 2,000억 원, 유류오염손해배
상법에서는 1,500억 원으로 책정되어 있다.

42 이에 관해서는 배병호, 2016, 「환경오염피해구제법 도입에 따른 배상책임
성립과 배상범위에 대한 고찰」, ≪환경법연구≫ 제38권 1호, pp.57~88; 안
경희, 2016, 「환경오염피해구제법상 손해배상책임의 발생과 제한」, ≪환경

법연구≫ 제38권 제2호, pp.49~92 등 참조.

43 환경백서, 2020: 516 참조.

44 이러한 입법적 해결책은 소송실무에 대해서도, 향후 판례 축적을 기다려보
아야 하겠지만, 인과관계 인정여지가 확대되는 방향으로 긍정적인 영향을
미칠 것으로 전망되고 있다. 이에 관해서는 한지형, 2016, 「환경오염피해소
송에서의 인과관계 판단: 관련 판례의 분석 및 환경오염피해구제법 시행에
따른 전망을 중심으로」, ≪환경법연구≫ 제38권 제1호, pp.135~167 참조.

45 정남철, 2010: 257~266, 특히 265 참조.

46 한상운, 2013, 「환경책임과 환경보험: 환경피해구제법(2013.7.30. 국회발
의)을 중심으로」, ≪사법≫ 제26호, p.124; 김홍균, 2013, 「환경정책기본법
상의 무과실책임 규정의 한계와 극복」, ≪사법≫ 제26호, p.93. 한편, 인과
관계가 간주되는 것은 아니므로 거꾸로 법원에서 상당한 개연성이 없다는
이유로 인과관계를 부인할 소지를 제공할 수도 있어서, 결국 인과관계의 인
정 여부는 자유심증주의에 따라 법원에게 맡겨진 몫이라고 지적하기도 한다
(김홍균, 2015, 「환경오염피해 배상책임 및 구제에 관한 법률의 평가와 향후
과제」, ≪환경법연구≫, 제37권 제2호, p.153).

47 "1만 9,500원을 오염 구제금이라고 준 '환경정의' 장관", ≪조선일보≫ 2019.
9.25. 자 한삼희 선임논설위원 칼럼(http://news.chosun.com/site/data/
html_dir/2019/09/24/2019092403334.html). 거물대리 사례에서 드러난 환
경피해구제법의 문제점과 개선방안에 관해서는 「환경오염피해 구제제도 실
효성 제고를 위한 개선 방안 모색」, 2018.12.19, 국회의원 이정미, 환경정의
주최 환경오염피해 구제제도 개선을 위한 정책토론회 발표문, 특히 박창신,
2018, 「김포 사례를 통해 본 현행 환경오염피해 구제제도의 문제와 개선 방
안」; 이종현·김현주, 2019, 「김포시 환경오염 정밀조사 및 피해구제방안연
구」(2019.6.27.: www.keiti.re.kr/site/keiti/ex/board/View.do?cbIdx=318
&bcIdx=29660)을 참조. 환경오염피해구제제도 개선방안에 관해서는 차경

훈, 2018, 「환경오염피해구제제도 개선 및 발전방안 마련」 참조.

48 이 법률개정 시점에 이미 생활폐기물 종량제가 실시되고 있었기에 그런 사실을 전제로 한 표현으로 이해된다.

49 이 조항은 2007.8.3., 2010.7.23., 2012.6.1., 2013.7.16. 등 수차례 개정되었다.

50 실제로 환경부의 쓰레기 종량제 현황(2020년도 기준)에 따르면 2020년 시도별 평균 청소예산자립도와 주민부담률은 각각 32.6%, 32.3%로 나타났다. 이는 각 33%였던 2019년보다 낮아진 수치다. 청소예산자립도는 청소 관련 총예산(쓰레기 수집·운반·처리 비용 등) 가운데 지방자치단체의 종량제봉투, 재활용품 판매 수익 등이 차지하는 비율이며, 주민부담률은 가정에서 배출된 쓰레기를 수집·운반·처리하는 데 드는 비용 중에서 주민들로부터 종량제봉투 판매 및 음식물쓰레기 처리 수수료를 징수한 금액 등이 차지하는 비율이다.

51 가령 「서울특별시 서초구 폐기물관리조례」, 「서울특별시 강서구 폐기물관리 조례」, 「남양주시 폐기물의 배출방법 및 수수료 부과·징수에 관한 조례」, 「여수시 폐기물관리에 관한 조례」 등이 그와 같은 조례의 예이다.

52 예컨대, 「서울특별시 강서구 폐기물관리 조례」는 제2조 제2호에서 '사업장일반폐기물'을 '사업장배출시설계 폐기물'과 '사업장생활계 폐기물'로 구분하여 정의하고 있다. 전자는 폐기물관리법 제2조 제3호에 따른 배출시설 또는 동 시행령 제2조 제1호부터 제5호까지의 규정에 따른 시설의 운영으로 배출되는 폐기물을 말하며, 후자는 해당 사업장에서 배출되는 사업장배출시설계 폐기물 외의 폐기물 및 시행령 제2조 제7호 및 제9호에 따른 사업장에서 배출되는 폐기물을 말한다.

53 예: 「서울특별시 강서구 폐기물관리 조례」 제18조.

54 이 점은 한국산업관계연구원·환경부(2005: 76ff.)에서도 확인된 바 있다.

55 OECD Environmental Performance Reviews - Korea 2017: https://read.

oecd-ilibrary.org/environment/oecd-environmental-performance-reviews
-korea-20179789264268265-en#page1.

56 이에 관해서는 특히 송동수, 2009, 「종량제봉투의 불법유통 방지를 위한 폐
기물관리법과 조례의 개선방안」, ≪환경법연구≫ 제31권 제2호, 한국환경법
학회, pp.291~318 참조.

제5장
기후변화시대 환경법이 성공하려면

Sucess or Failure?
Case of Environmental Law in Korea

1. 탄소중립을 향한 환경법, 고행의 순례길에 들다

환경법은 환경문제에 대한 법적 대응이다. 환경법의 역사는 환경문제의 역사를 따른다. 역사적으로 환경문제는 산업화를 먼저 거친 선진국들에서 발생했고 그 해결책 또한 이들 국가를 중심으로 발달해왔다. 한국 같은 후발국들은 어느 정도 시차를 두고 이들 선진국의 정책과 제도를 모방하거나 참고하여 환경법을 발전시켰다. 그러나 시간이 지나면서 선진국의 환경정책을 맹목적으로 추종하거나 모방하는 방식으로는 환경문제를 해결하기보다는 고착화와 왜곡을 가져올 수 있다는 사실이 드러나고 있다. 타산지석(他山之石)의 지혜가 필요하게 된 것이다.

개별 국가 중심의 환경법 지형은 1990년대 들어 크게 바뀌기 시작한다. 온실가스 배출로 인한 기상이변, 즉 기후변화는 전 지구적 문제이므로 개별 국가 차원의 노력만으로는 해결하기 어렵고 지구 차원에서 공동으로 해결책을 찾아야 한다는 인식이 확산되기 시작했다. 1997년의 '교토의정서(Kyoto Protocol)'가 그 서막이었다. 그러나 선진국 대상 의무 부과에 그친 교토의정서 체제의 한계가 드러났다. 이후 우여곡절 끝에 2015년 선진국과 개도국이 모두 참여하는 '파리협정(Paris Agreement)'이 결실을 보았다. 파리협정은 2016년 11월 4일 발효되었다.[1] EU가 선도하는 가운데, 한동안 탈퇴해 있던 미국이 바이든 대통령 취임과 동시에 재가입했다. 세계 최대의 CO_2배출국인 중국도 2060년 탄소중립을 선언하는 등 기후변화에 대응하기 위한 노력이 전 세계로 재확산되기 시작했다.

파리협정은 지구 평균기온 상승을 산업화 이전 대비 2℃보다 훨씬 낮은 수준으로(well below)로 유지하되, 가급적 1.5℃로 제한하기 위해 노력한다는 전 지구적 장기목표 아래 모든 국가가 2020년부터 기후행동에 참여하고, 2023년부터 5년 주기로 글로벌 이행점검(global stocktaking)을 실시하도록 규정한다. 협정은 모든 국가가 스스로 결정한 온실가스 감축목표(Natinally Determined Contributions, NDC)를 5년 단위로 수립, 제출하고 국내적으로 이행토록 했다. 그 재원 조성은 선진국이 선도적 역할을 하되 그 밖의 국가들은 자발적으로 참여할 것을 요망하고 있다. 같은 맥락에서 기후변화에 관한 정부 간 협의체인 IPCC(Intergovernmental Panel on Climate Change)에서는 지구온도 상승을 1.5℃ 이내로 억제하려면 2050년까지 탄소 순배출량이 0

이 되는 탄소중립(Netzero) 사회로 전환이 필요하다고 결론지었다.[2]

이러한 과정을 거쳐 기후의제(Climate Agenda)는 파리협정의 이행을 위한 국내법 제정 등을 통해 세계 각국의 환경법에 지대한 영향을 끼치기 시작했고 한국 환경법도 예외가 될 수 없었다. 기후변화 시대 한국 환경법은 결코 안심할 수 없는 국내 환경문제를 감당하는 동시에 글로벌 기후위기 대응과정에서 능동적 역할을 요구받는 이중의 시련과 고행의 순례길에 들었다.

기후변화에 대한 국내법적 대응은 어떤 급격한 단절을 통해 이루어진 것은 아니었다. 상당한 전사(前史)를 거쳤다. 1993년 기후변화협약 가입, 2000년 대통령 직속 지속가능발전위원회 출범 등 성장과 환경의 균형을 잡으려는 시도가 이루어졌고, 그 결과 2007년「지속가능발전기본법」이 제정되었다. 그러나 지속가능발전을 위한 정책적 노력은 노무현 정부에서 이명박 정부로 바뀌면서 후퇴했다. 2010년 경제성장에 방점을 둔「저탄소녹색성장기본법」이 제정되면서「지속가능발전기본법」은 뒷전으로 밀려났고 지속가능발전위원회는 환경부 소속 위원회로 격하되고 말았다. 이러한 상황은 박근혜 정부에서도 지속되었다. 이러한 일련의 입법적 변화는 이들「지속가능발전기본법」, 특히「저탄소녹색성장기본법」의 과연 성공이었는지에 대한 근본적인 의문을 불러일으켰다. 후자는 당초 기후변화대책법으로 추진되었지만 '저탄소'보다는 '녹색성장'에 방점을 두었고 법대중의 관심을 오도하는 측면이 강했다. 이 법의 제정과 녹색성장 정책 추진과정이 모두 당시 이명박 대통령의 최대 치적으로 포장되었던 점도 함께 고려한다면 이보다 더 상징입법 범주에 잘 들어맞는 사례도 없었다. 그런 배경에 비추어 2021년 9월 24일 제정된 「기후위기 대응을 위한 탄소중립·녹색성장 기본법」(법률 제18469호, 약칭 '탄소중립기본법')이 그 제정이유에서 녹색성장기본법의 한계를 지적한 것은 전혀 이상할 것이 없었다. 이에 따르면 "「저탄소녹색성장기본법」을 중심으로 한 현행 법·제도상 기후위기 대응 체계는 최초로 국가 온실가스 감축목표를 설정하고, 국가 전체 온실가스 배출량의 약 70퍼센트를 포괄하는 온실가스 배출권거래제 출범의 기반을 다지는 등 그간 우리나라 기후변화 대응 정책을 이끌어왔으며 지난 2019년 우리나라 국가 온실가스 배출량을 최초로 감소세로 돌아서도록 하는 데 기여했으나, 탄소중립 사회로의 이행을 위한 온실가스 감축과 기후위기에 대한 적응, 이행과정에서의 일자리 감소나 지역경제·취약계층 피해 최소화와 함께, 경제와 환경이 조화를 이루는 녹색성장 추진까지를 아우르는 통합적인 고려가 불충분하고 법률적 기반에 한계가 있다는 지적"이 있어 「탄소중립기본법」을 제정했다는 것이다.

한국 환경법은 기후위기 대응을 위한 2050 탄소중립(Carbon neutral 2050 또는 Net Zero 2050 Goal)이 글로벌 패러다임으로 대두되면서 대전환기를 맞게 된다. 기후변화의 가속화에 따른 위기의 식하에 탄소중립의 목표를 달성하기 위한 입법이 추진되었고,

2021년 9월 24일 드디어 2050년 탄소중립을 위한 중장기 온실가스 감축목표 설정, 기본계획 수립·시행 및 이행현황 점검을 포함한 기후위기 대응 체제를 정비하는 「기후위기 대응을 위한 탄소중립·녹색성장 기본법」(법률 제18469호, 약칭 '탄소중립기본법')이 제정되었다. 이로써 기존의 「저탄소녹색성장기본법」은 폐지될 처지에 놓이게 되었다.

한국의 탄소중립정책은 2020년 10월 28일, 문재인 대통령의 국회 시정연설에서 밝힌 2050 탄소중립 계획을 통해 본격적으로 전개되기 시작했다. 이후 정부는 "국제사회의 책임 있는 일원으로 세계적 흐름에 적극 동참해야 하며", "기후위기 대응은 선택이 아닌 필수"라고 강조했고, 같은 해 11월 22일, '포용적이고 지속 가능한 복원력 있는 미래'를 주제로 열린 G20 정상회의 제2세션에서 2050 탄소중립이라는 산업과 에너지 구조를 바꾸는 담대한 도전에 나서겠다는 의지를 천명했다. 같은 해 12월 7일 탄소중립·경제성장·삶의 질 향상이라는 삼대 목표를 동시에 달성하기 위하여 △ 경제구조 저탄소화, △ 저탄소 산업생태계 조성, △ 탄소중립사회로의 공정전환의 3대 정책방향과 △ 탄소중립 제도기반 강화라는 3+1의 전략을 추진한다는 '2050 탄소중립 추진전략'이 마련되었고, 12월 15일 '2050 장기저탄소발전전략(LEDS)'과 '2030 국가온실가스감축목표(NDC)' 초안이 확정되었다. NDC 초안은 이후 대통령 직속 민관합동 '2050 탄소중립위원회'(약칭 '탄중위') 설치 및 산업통상자원부 에너지전담 차관 신설, 「탄소중립기본법」 제정, 탄중위의 공론화과정 등을 거쳐 2021년 10월 27일 국무회의에서 당초 탄소중립기본법에 따른 35%를 40%로 상향하는 내용으로 확정되었다.

정부가 파리협정 제4조 제19항에 따라 수립한 장기저탄소발전전략(LEDS: Long-term low greenhouse gas Emission Development Strategies)은 "지속가능한 녹색사회 실현을 위한 대한민국 2050 탄소중립 전략"[3]으로 구체화되었고, 여기서 다음과 같은 탄소중립 5대 기본방향이 정립되었다.[4]

① 깨끗하게 생산된 전기·수소의 활용 확대
② 에너지 효율의 혁신적 향상
③ 탄소 제거 등 미래 기술의 상용화
④ 순환경제 확대로 산업의 지속가능성 제고
⑤ 산림, 갯벌, 습지 등 자연·생태의 탄소 흡수 기능 강화

「탄소중립기본법」은 과연 전신인 「저탄소녹색성장기본법」과 달리 성공가도를 달릴 수 있을까?

「탄소중립기본법」의 제정이유에서 기존의 「저탄소녹색성장기본법」의 한계를 다음과 같이 지적한다. "「저탄소녹색성장기본법」을

중심으로 한 현행 법·제도상 기후위기 대응 체계는 최초로 국가 온실가스 감축목표를 설정하고, 국가 전체 온실가스 배출량의 약 70퍼센트를 포괄하는 온실가스 배출권거래제 출범의 기반을 다지는 등 그간 우리나라 기후변화 대응 정책을 이끌어왔으며 지난 2019년 우리나라 국가 온실가스 배출량을 최초로 감소세로 돌아서도록 하는 데 기여했으나, 탄소중립 사회로의 이행을 위한 온실가스 감축과 기후위기에 대한 적응, 이행과정에서의 일자리 감소나 지역경제·취약계층 피해 최소화와 함께, 경제와 환경이 조화를 이루는 녹색성장 추진까지를 아우르는 통합적인 고려가 불충분하고 법률적 기반에 한계가 있다는 지적이 있어 「탄소중립기본법」을 제정했다는 것인데 틀린 말은 아닐지라도 오늘날과 같이 탄소중립이 국책현안으로 부상하기 전에 만들어진 법에 대하여 사후에 그런 평가를 내리는 것이 적절한지는 의아스럽다.

「탄소중립기본법」의 목표는 어렵지 않게 확인할 수 있다. 즉 '탄소중립 사회로의 이행과 녹색성장의 추진'이다. "중장기 온실가스 감축목표 설정과 이를 달성하기 위한 국가기본계획의 수립·시행, 이행현황의 점검 등을 포함하는 기후위기 대응 체계를 정비하고, 기후변화영향평가 및 탄소흡수원의 확충 등 온실가스 감축시책과 국가·지자체·공공기관의 기후위기 적응대책 수립·시행, 정의로운 전환 특별지구의 지정 등 정의로운 전환시책, 녹색기술·녹색산업

육성·지원 등 녹색성장 시책을 포괄하는 정책수단과 이를 뒷받침할 기후대응기금 신설을 규정함으로써 탄소중립 사회로의 이행과 녹색성장의 추진을 위한 제도와 기반을 마련하려는 것"이라는 제정이유에서 분명히 드러난다.

그러나 「탄소중립기본법」의 앞길 또한 순탄하지 않다. 아니 험난하기 짝이 없다. 탄소중립이란 과제가 화석연료 기반의 경제를 탈탄소 또는 넷제로의 탄소경제로 전환시키는 산업혁명 이래 전례 없는 수준의 '대전환(Grand Transformation)'의 과제이기 때문이다. 고행의 순례길이 시작된다. 이 고행을 앞두고 「탄소중립기본법」은 일종의 정체성 혼란을 겪는다. 그것은 '기후환경법' 또는 '기후환경에너지법'인가 아니면 '기후에너지법'인가, 탄소경제이라는 새로운 게임의 판도에서 벌어지는 대내외적 경쟁에 관한 '기후경제전환법'인가?

이 고행의 순례길을 걸어 종착점 탄소중립에 도달하려면 아직도 갈 길이 멀다. 생산, 유통, 고용, 노동. 소비 등 경제 전 분야에 걸친 패러다임 전환이 요구될 뿐만 아니라 사회, 복지, 문화, 정치 등 모든 영역에서의 교섭과 생활 방식의 변화가 뒤따라야 한다. 국가 수준에서 최대의 현안과제로 부상한 이슈, '탄소중립을 누가 이끌어 갈 것인가'라는 문제가 제기되는 배경이다.

100명 가까운 위원들로 구성된 민관합동 탄소중립위원회가 그 전신인 녹색성장위원회[5]와 국가기후위원회[6]와는 달리 제대로 국가정책의 모든 영역들에서, 정부 각 부처의 이해관계로부터 독립한 중재자로서 부처 간 경계를 넘어 부처 간 대립과 갈등을 효과적으로 또 민첩하게 조정하여 탄소중립을 이끌어낼 부스터 엔진이 될 있을까? 그리고 탄소중립을 추진할 정부조직은 어떻게 구성해야 할까? '기후환경부' 또는 '기후환경에너지부'인가 아니면 '기후에너지부'인가, 아니면 '기후경제전환부'가 필요한가? 이 모든 문제들 어느 것도 감당, 해결하기가 쉽지 않다.

2. 기후위기, 환경법이 살아남는 길

기후변화-기후위기에 대한 지구 차원의 대응이 글로벌 환경정책 의제로 떠올랐고 특히 2015년 파리협정 이후 세계 각국의 환경정책에 직접적인 영향을 미치기 시작했다. 그 영향은 다음과 같이 요약될 수 있다.

첫째, 환경정책의 외연이 에너지정책, 산업정책, 교통정책 등 다양한 분야로 확장되었다(Kraft, 2018). 기후의제는 이제 전통적인 의미의 환경문제를 넘어 국가의 생존, 흥망을 좌우하는 사활적 국가전략 이슈로 떠오르고 있다. 북구제국, 독일 등 기후이변에 따른 재난을 겪은 나라들에서는 정권 교체의 모멘텀으로 작용하기도 했다. 환경정책의 범위가 오염방지와 환경과 생태계 보전 능 전통석

인 영역을 넘어 기후환경정책으로 확장되었다는 점도 중요하다. 기후변화가 환경에 미치는 영향을 소홀히 할 수 없는 이상, 그리고 기후위기에 대한 대응으로서 탄소중립 목표는 단순한 에너지정책 차원의 문제가 아니며, 통합적 포괄적 환경정책적 대응 없이는 성 공할 수 없다는 사실이 판명된 이상, 환경정책에서 기후환경정책 을 배제하거나 분리하려는 시도는 더 이상 지지를 받을 수 없을 것 이다. 둘째, 환경정책의 시정(視程, time frame)이 전례 없는 수준으 로 확장되었다. 수백 년 또는 수천 년을 내다보는 수준은 아닐지라 도 2030은 물론 2050, 그리고 향후 60년 이상이 걸릴 것으로 예상 되는 에너지전환(Energiewende)을 향한 기후환경정책의 시정이 더 이상 단기로 머물 수 없다는 것은 자명하다. 파리협정에 따른 범지 구적 목표 달성과 기후변화 대응은 장기적 접근이 없이는 성공할 수 없기 때문이다. COP21 결정문에서도 '장기(Long-term)'를 '반세 기(Mid-century)'로 명기한 바 있다. 유엔기후변화협약 사무국은 모 든 당사국들이 2100년까지의 2℃ 이하 목표 달성을 위한 2050년까 지의 장기 저탄소 발전전략을 제출할 것을 요청했고 이에 따라 대 다수 국가들이 2050년을 목표 연도로 '장기 저탄소 발전전략 (LEDS)'을 수립했거나 수립하고 있다.

기후변화에 대한 대응과정에서 글로벌 거버넌스와 각국의 국내 기후·환경정책이 상호 영향을 주고받는 일종의 중층화(stratification) 가 나타났고 그 결과 수렴(convergence) 또는 분리(decoupling) 경향이 진행되고 있다. 전통적인 의미의 환경정책이 다른 그 어느 정책보다도 두드러지게 법제화되는 경향을 보였다면, 기후의제 역시 최근 영국, 독일, 한국 등 일부 국가들을 필두로 법제화의 길을 걷는 나라들이 늘어나기 시작했다.

환경문제 해결을 위한 노력은 해당 국가의 전통과 문화를 반영하지 않을 수 없다. 영국과 일본은 명령규제방식보다는 정부와 사업체 간의 협의를 통하여 문제 해결에 접근하는 방식이라면, 상대적으로 우리나라와 미국은 환경기준과 배출기준을 법에 구체적으로 명시하고 집행하는 명령규제방식에 의존하는 방식이라고 평가할 수 있다. 어느 방식이 더 효과적이고 효율적이라기보다는, 각 나라의 역사적 문화의 특수성에 맞게 제도를 고안하는 더 합리적이라고 판단된다.

환경문제는 개별 국가나 지방 등 국지적 수준에서 국경을 초월하는 전 지구적 수준으로 확대되고 있다. 이러한 동향은 지정학적 특성과 함께 환경오염이 지구 전체로 심각해지고 있다는 점을 방증한다. 앞서 본 기후변화 대응과 탄소중립 정책이 전 지구적 수준에서 제기되고 있는 것이 그런 문제상황을 단적으로 보여준다. 우리나라와 중국 간 대기오염과 해양오염 문제는 환경문제의 지정학적 특성을 보여주는 비근한 예이다. 이처럼 국경을 초월하는 환경문제는 국가 간 협력 없이는 해결할 수 없다. 문제의 범위와 과정을 명확하게 밝히기 위한 과학적 조사가 선행되어야 할 것이며, 정부차원뿐만 아니라 민간차원에서도 국가 간 협력체계를 구축하여 문제해결에 공동 대응할 필요가 있다.

3. 성공하는 환경법의 조건

금속도 피로현상을 겪는다. 한때 높은 수준의 구조안전성을 자랑하던 인프라 시설조차 일정한 시간이 지나면 내구성의 한계를 드러내기 마련이다. 면밀한 성능진단과 개보수 조치가 필요한 것은 인프라 시설만이 아니다. 환경법 역시 상당한 시간이 지난 뒤에는 피로현상을 생기거나 정당성의 저하나 규범적 구속력의 하락 등으로 좌초의 위기를 겪을 수 있다. 환경문제 해결을 위한 법적 처방이 환경법이라면 그 환경법 역시 정비보수(maintenance)와 애프터서비스(AS)가 필요하다. 환경법의 성공과 실패에 대한 상시 모니터링과 측정, 문제점과 원인 진단, 개보수 등의 종합적 사후관리를 위한 처방이 필요한 이유이다.

환경법의 사후관리는 '좋은 환경법'을 만들어가는 데 초점을 맞춰야 한다. '좋은 환경법'의 조건을 알아내려면 성공하는 환경법의 특징을 벤치마킹할 필요가 있다. 국내 다른 분야들은 물론 외국의 유사한 성공사례들을 면밀히 비교·검토하여 우리에게 맞는 해법과 모델을 찾아내야 한다. 그렇다면 '좋은 환경법'의 조건은 무엇일까? 사회경제적 맥락에 따라, 분야에 따라 또는 규제환경에 따라 달라지겠지만 공통적인 요소는 다음 두 가지로 모아진다. 그 하나는 과학·증거 기반성이고 다른 하나는 개방성과 투명성이다.

4. 환경법은 과학·증거에 기반을 둔 법이어야 한다

환경법이야말로 가장 절실하게 과학·증거 기반성이 요구되는 분야이다. 라이토스가 환경법의 패러다임을 혁신하기 위한 가장 중요한 요구로 제시한 것도 바로 이 과학·증거 기반성이 아니었던가.

환경문제를 효과적으로 해결하기 위한 필수불가결한 전제조건이 환경법의 과학·증거 기반 설계이다. 환경법은 기대와 달리 의외의 효과를 내는 경우가 다른 어느 분야보다도 빈번하다. 때문에 규제법규를 설계하는 단계에서부터 수범자(norm addressee)의 규제순응이 원활하게 일어날 수 있는지, 그리하여 의도된 결과를 달성할 수 있는지, 부작용이나 규제실패를 회피할 수 있는지 면밀한 분석과 검토, 모의실험(simulation) 등 적절한 방법을 통한 영향 분석이 필요하다.

환경법의 설계는 정부입법의 경우 관료의 역할이다. 과학·증거 기반 환경법을 설계하기 위해서는 일반적인 공직 경력을 가진 '일반관료(bureaucrats as generalists)'보다는 환경문제와 그 해결책에 관한 전문적 식견과 역량을 갖춘 '전문관료(bureaucrats as specia-lists)'가 더 적합하겠지만, 단지 환경 분야의 전문성만 가지고는 부족하고 환경문제의 정치경제적·사회적 복합성과 환경입법에 특성에 대한 이해와 전문성을 갖춘 '정책 및 입법 전문가로서 관료(bureaucrats as policy and legislation experts)'가 필요하다.

의원입법, 나아가 국회에서 진행되는 환경입법의 경우도 정부입법의 경우와 다를 바가 없다. 입법권자인 국회의원들 못지않게 국회의 입법지원기구나 그 구성원, 그리고 환경 분야 상임위에서 활동하는 전문위원, 의원보좌관과 각 정당의 환경담당 전문인력의 역할이 매우 중요한데, 과학·증거 기반 환경법의 설계가 이루어지려면 이들 '입법관료'들이 환경정책과 환경법에 대한 전문역량(expertise)을 갖추고 있어야 한다.

그러나 현실은 많은 경우 그런 소요를 충족시키지 못한다. 과학·증거 기반 환경법의 설계에 관한 한 기존의 관료제는 여러 가지 측면에서 한계를 드러내고 있다. 관료는 입법전문가처럼 행동해왔지만, 실상은 그렇지 못하다. 스스로 환경정책과 환경법에 대한 전문역량이 부족하여 관련분야 정부출연연구기관, 학회, 대학 등 외부자원에 의존하는 경우가 많다. '환경정책의 외주화(out-sourcing of enivironmental policy)'는 환경문제와 그 대책이 지니는 과학적·전문기술적 특성 등 여러 가지 이유에서 불가피한 관행이 되고 있다. 반면 환경행정의 현실 여건이나 제약 때문에 이러한 외부자원을 적기에, 미리 충분한 기간 준비과정을 거쳐 활용하는 것은 결코 쉽지 않다. 그 결과 과학·증거 기반 환경법의 설계는커녕 톱니바퀴처럼 돌아가는 행정현장에서 일반 행정관료들이 시간에 쪼들리며 오로지 자신의 실무경험에 터 잡아 피상적인 외부자문을 동원하거나 이해관계자 의견을 감안하여 나름대로 정책의 필요성, 효과와 영향을 예측·판단하고 이를 토대로 환경법을 만들고 뜯어 고치는 식의 일상이 환경입법의 관행으로 고착된다.

이미 앞서 살펴보았듯이, 환경법은 '실패'하기 쉬운 분야이므로 설계 단계에서 입법, 시행 등 집행단계에 이르기까지 면밀한 수행 평가가 필요하다. 예를 들어 환경법(규제)의 낮은 준수율은 어느 나라나 공통적으로 나타나는 현상이다. 그 가장 중요한 원인으로 환경법(규제) 설계의 결함이 손꼽히는 것은 어쩌면 당연한 일이지만, 환경법 설계를 담당하는 조직과 관료의 역량 부족(여건 불비를 포함)도 그에 못지않게 중요한 원인이다. 환경규제의 준수율이 낮은 원인을 '부적절한 환경규제의 설계'와 '조직의 대응능력·집행관청의 자원 불충분'에서 찾는 것도 같은 맥락이다.[7]

먼저, 환경규제를 위한 인센티브가 부실하게 설정되거나, 준수 확보의 수단이 없거나 부적절하게 설계되어 있는 경우에는 규제 준수를 기대하기 어려울 것이다(OECD, 2009: 17; 이유봉, 2016: 57). 또한 환경규제의 설계과정에서 피규제자의 준수능력이나 준수여 건을 정확히 파악하지 못해 규제효과나 규제순응을 확보하지 못하는 경우도 많다. 규제대상의 능력에 따라 준수능력이 달라질 수 있고 규제 인센티브가 그 대상에 따라 차별적으로 작동할 수 있기 때문이다.[8] 피규제자가 법규범 준수에 필요한 여건이나 자력, 기술적 조건들을 갖추고 있지 않은 경우 또는 아예 그럴 여력 자체가 없는 경우에는, 가령 규제강화 압력만 생각해서 규제당국이 축산분뇨 배출허용기준을 강화함으로써 영세한 축산농가들이 규제순응을 포기해버리는 사태처럼, 이른바 '배째라'식의 규범준수 포기의 행태가 나타나고 그 결과 규범준수율 저하를 피할 수 없다.

두 번째 요인은 정부, 즉 규제당국의 역량 문제이다. 정부의 건전성과 능력 부족, 정부체계의 전체적 수준과 투명성 미흡, 환경이슈의 정책적 중요도가 낮게 평가될 경우에도 환경규제의 준수율이 저하될 수 있다(OECD, 2009: 17; 이유봉, 2016: 58). 규제당국의 역량 부족은 환경관료의 등용과정에서 필요한 과학기술적 전문성을 갖춘 인력이 충분히 공급되지 못한 데에 기인하는 문제이기도 하지만, 그들이 입직 이후 필요한 역량이나 경험을 쌓을 기회를 누리지 못하거나 현실적으로 충분한 준비기간도 주어지지 않은 채 늘 시간에 쪼들리며 성과 압박을 받는 실무상의 제약 때문인 경우가 많다. 아울러 미시적인 수준에서는 위법행위 제재의 정도나 빈도가 낮을수록 규제의 준수율이 낮아질 수 있다는 점도 주목할 만하다(이유봉, 2016: 58).

이러한 사실은 무엇을 의미하는가? 환경법(규제)의 설계가 매우 복합적이고 전문적인 정책전문성과 입법역량을 요구하는 과제라는 것이다. 환경법 설계 임무를 수행하는 관료들이 이러한 과제의 특성에 맞은 역량을 갖추고 있는지, 전문인력 임용을 위한 문호가 잘 열려 있는지, 임용 후 교육훈련 등을 통해 필요한 역량을 강화할 수 있는 구조인지, 그리고 이 모든 요소들을 충족하고 또 뒷받침해줄 환경법 입안 및 집행 시스템이 갖춰져 있는지 의문이 제기되는 배경이다.

5. 환경법은 열린 법이어야 한다

정책과정과 환경입법에 대한 참여의 보장은 '좋은 환경법'으로 가기 위한 또 다른 조건이다. 환경정책과정과 환경입법에 대한 시민참여의 통로를 열어주는 것이다. '좋은 환경법'이란 인간, 특히 피규제자·수범자의 행태를 현실적으로 기대할 수 있는 수준에서 바람직한 방향으로 유도하는 효과(incentivizing effect)를 낼 수 있는 법이어야 한다. 그렇게 하려면 피규제자들이 '지킬 수 있는' 또는 수범자들이 다른 방해요인들에도 불구하고 법 준수를 택하도록 하는 '지키게 만드는' 법이 되어야 한다. 환경법을 설계하면서 그 순응에 대한 유인(incentives)과 역유인(disincentives) 모든 측면에서 피규제자·수범자의 행태를 이해하고 포착해야 하는 이유이다. 특히 '지킬 수 없는 법'을 만드는 것은 법 준수는커녕 규제포획(regulatory capture)이나 단속회피를 위한 유착 등 불법의 부작용만 낳을 뿐이다.

피규제자들은 환경법적 규제 강화에 대해 종종 '실정 모르는 탁상공론'을 질타한다. 환경법을 설계하는 역할을 담당하는 관료들은 바로 그와 같은 '실정'을 잘 알고 이를 정책결정과정에 잘 반영할 수 있어야 한다. 그런 의미에서 피규제자·수범자의 행태에 대한 이해와 이들의 의견 청취를 위한 환경정책과정과 환경입법의 개방화는 '좋은 환경법'을 만들기 위한 유효적절한 방법의 하나일 것이다.

반면 환경법의 설계나 입법에 대한 영향력은 종종 불균형하게 배분되어 있는 경우가 허다하다. 환경정책·입법은 종종 조직화되지 못한 다수의 영세한 환경피해자들보다 상대적으로 더 풍부한 영향력 자산을 가진 대기업이나 자산가들의 입김에 따라 좌우되는 경우가 많다. 환경법이 자칫 '그들만의 리그'로 전락할 수 있는 배경이다. 나아가 환경법 집행과정에서도 여전히 '기울어진 운동장' 문제가 도사리고 있다. 따라서 환경법의 설계와 형성, 집행과정에 대한 접근을 개방적으로 보장해주는 시민참여와 협력의 메커니즘을 제도화하는 것이 무엇보다도 환경정의의 요청에 부합하는 방안이다.

참고로 미국 EPA는 환경정의의 목표를 달성하려면 누구나 환경 및 건강에 대한 침해로부터 동등한 보호를 받고 동시에 자신이 살고 배우고 일하는 건강한 환경을 확보하기 위한 의사결정과정에 대한 동등한 접근권을 향유할 수 있어야 한다고 밝히고 있다.[9]

환경정의로부터 환경 이익과 불이익의 평등한 분배뿐만 아니라 그 평가와 배분 과정, 즉 정책과정에 대한 공공참여를 확대해야 한다는 당위가 도출된다면(Kristin, 2002: 6), 이러한 의미에서 환경정책집행의 대상이 되는 하위 인구집단들 간 환경위험의 불균등한 부담을 시정하고 불평등한 영향을 미치는 법령, 제도, 정책의 변경 또는 시정을 요구할 수 있는 제도적 틀을 갖춘 개방적 법제도화를 통해 비로소 '좋은 환경법'을 만들어갈 수 있다.

환경정의를 실천하기도 벅찬데 또 다른 과제가 해결을 기다린다. 바로 기후정의(Climate Justice)의 과제이다. 기후정의란 지구의 모든 사람, 생태계를 위협하는 기후위기로 인한 피해와 위험으로부터 차별받지 않고, 그 해결을 위한 노력과 전환과정에서 차별적 결과를 강요받지 아니하고 희생과 비용을 공평하게 부담하며, 이를 위해 필요한 정보접근과 참여, 그리고 발생한 피해의 공정·신속한 구제를 요구하는 원리이다.[10] 「탄소중립기본법」이 제2조 제12호에서 '기후정의'를 "기후변화를 야기하는 온실가스 배출에 대한 사회계층별 책임이 다름을 인정하고 기후위기를 극복하는 과정에서 모든 이해관계자들이 의사결정과정에 동등하고 실질적으로 참여하며 기후

표 5-1 환경정의, 사회정의, 기후정의의 비교

	사회정의 (Social Justice)	환경정의 (Environmental Justice)	기후정의 (Climate Justice)
시대적 배경	20C초, 부의 불평등	20C중반, 산업발전 및 오염증대	20C말~, 전 지구적 기후 위기
원인제공/피해	자본가 vs 노동자	자본가 vs 노동자+사회경제적 약자 (인종, 계급, 젠더 등)	- 자본가+사치성(온실 가스) 배출 계급 vs 노동자+사회경제적 약자 - 선진산업국가 vs 개발도상국
문제의 범주	인간+국내의 경제적, 정치적 불평등	인간+국내의 경제적 정치적, 환경적 불평등	인간+국내+생태계+ 국제 경제적, 정치적, 환경적 불평등
국가형태	복지국가 (welfare state)	환경국가 (environmental state)	녹색국가 (green state)
목표	노동조건 개선, 사회 안전망 구축	환경오염의 피해 최소화, 환경보전	지속가능한 저탄소 사회로의 전환
해결주체	개별 국가정책	개별 국가정책	통합적 국가협력을 통한 국제행동
정의의 공간적 범주	국가내부의 정의	국가내부의 정의	국가 간 정의+국가 내 정의
정의론	책임X, 분배O 국가의 책임은 없지만 분배의 의무는 있음	책임O, 분배O 국가의 책임(산업정책)과 분배의 의무가 모두 있음	책임O, 분배O 국제적 책임과 분배에 따른 국내적 책임과 분배가 있음

자료: 한상운(2019)

변화의 책임에 따라 탄소중립 사회로의 이행 부담과 녹색성장의 이익을 공정하게 나누어 사회적·경제적 및 세대 간의 평등을 보장하는 것을 말한다"고 정의하는 것도 그와 동일한 맥락이다.

기후정의의 요청은 「탄소중립기본법」이 제7장을 별도로 할애하여 기후위기 사회안전망 마련, '정의로운 전환 특별지구'의 지정, 사업전환 지원, 자산손실 위험 최소화, 국민참여 보장 등의 시책을 강구하도록 함으로써 실현하고자 하는 '정의로운 전환'으로 이어진다. '정의로운 전환'이란 탄소중립 사회로 이행하는 과정에서 직·간접적 피해를 입을 수 있는 지역이나 산업의 노동자, 농민, 중소상공인 등을 보호하여 이행 과정에서 발생하는 부담을 사회적으로 분담하고 취약계층의 피해를 최소화하는 정책방향을 말한다(「탄소중립기본법」이 제2조 제13호).

1 우리나라는 2016년 11월 3일 협정을 비준했다.

2 IPCC는 2018년 10월 인천 송도에서 개최된 제48차 총회에서 치열한 논의 끝에 「지구온난화 1.5℃ 특별보고서」를 승인하고 파리협정 채택 시 합의된 1.5℃ 목표의 과학적 근거를 마련했다. IPCC는 2100년까지 지구 평균온도 상승폭을 1.5℃ 이내로 제한하기 위해서는 전 지구적으로 2030년까지 이산화탄소 배출량을 2010년 대비 최소 45% 이상 감축하여야 하고, 2050년경에는 탄소중립(Netzero)을 달성하여야 한다는 경로를 제시했다.

3 한국의 LEDS는 유엔 기후변화협약(UNFCCC) 홈페이지에 다른 나라의 동향과 함께 게재되어 있다(https://unfccc.int/sites/default/files/resource/LTS1_RKorea.pdf).

4 지속가능한 녹색사회 실현을 위한대한민국 2050 탄소중립 전략, pp.44~46. 환경부 홈페이지 법령·정책/2050 장기저탄소발전전략(http://me.go.kr/home/file/readDownloadFile?fileId=208572&fileSeq=1).

5 과거 녹색성장위원회는 기후변화 대응 및 경제 발전과 환경 보전의 조화를 목표로 출범했지만 여러 가지 한계를 드러냈다. 이에 대한 비판으로는 윤순진(2009); 김성욱·이병량(2010); 장욱(2011); 김병기(2013: 101~105) 등을 참조.

6 국가기후환경회의는 「미세먼지 문제 해결을 위한 국가기후환경회의의 설치 및 운영에 관한 규정」(대통령령 제31657호)에 따라 미세먼지 문제에 관한 범국가적 대책 마련 등을 위하여 설치·운영되었지만, 우리나라의 경제, 사회 등 모든 영역에서 탄소중립을 추진하고, 탄소중립 산업생태계를 조성하는 등 탄소중립 사회로의 전환을 도모하기 위하여 미세먼지 문제 및 기후변화

의 대책 등을 포함한 국가의 탄소중립과 관련된 주요 정책 등에 관한 사항을 심의하는 2050 탄소중립위원회가 설치됨에 따라 2021년 4월 30일 이 규정과 함께 폐지되었다.

7 이유봉, 2016, 「환경규제상의 인센티브에 관한 연구」, 한국법제연구원 연구 보고, 2016-12(http://www.klri.re.kr/viewer/skin/doc.html?fn=rpt_754785 2807730548292_re2016-12.pdf&rs=/doc_convert/FILE_000000000021271D liqj), pp.57~58.

8 이유봉(2016: 57과 같은 곳 각주)은 기업의 유형에 따라 규제 준수의 패턴들 이 다른 것으로 나타났고, 실례로 멕시코 제조업 공장들의 경우 작은, 단일 한 개인이 소유한 국내 기업들보다도 규모가 크고, 여러 개의 공장을 가지고 있으며, 다국적이며 주식이 시장에서 거래되는 기업들의 규제 준수율이 훨 씬 높은 것으로 나타났다는 기존의 연구결과(OECD, 2004: 39)를 인용하고 있다.

9 https://www.epa.gov/environmentaljustice. 미국 EPA는 법규제정(rule-making)과정에서 고려해야 할 환경정의에 대한 고려의 지침이 될 두 가지 문서들을 작성, 공개하고 있다. 첫 번째는 환경행정조치 입안 시 고려해야 할 환경정의 지침(Guidance on Considering Environmental Justice During the Development of an Action)으로 EPA 관료들이 소관법령의 제·개정과 정에서 환경정의를 고려할 때 이해를 증진시키고 일관성을 확보하기 위한 것이고, 두 번째는 '규제분석(Regulatory Analysis)시 환경정의 평가를 위한 기술적 지침(Technical Guidance for Assessing Environmental Justice in Regulatory Analysis)'으로 법규 제정시 환경정의를 충실히 고려할 수 있도록 기술적 준거(technical underpinnings)를 제공하려는 것이다(https://www.epa.gov/sites/production/ files/2017-09/documents/epa_office_of_enviro nmental_justice_ factsheet.pdf).

10 Simmons, 2020(https://yaleclimateconnections.org/2020/07/what-is-clima te- justice/): "기후정의란 하나의 용어지만 그보다는 기후변화가 사회경제적

지위가 열악한 사람들에게 사회, 경제, 공공보건, 그 밖의 측면에서 차별적인 타격을 줄 수 있다는 사실을 인정하는 하나의 운동이다. 기후 정의의 옹호자들은 이러한 불평등문제를 장기적인 완화와 적응 전략을 통해 정면에서 다루기 위해 노력하고 있다."

제6장

마무리

Sucess or Failure?
Case of Environmental Law in Korea

이제 새로운 도약을 위한 발판을 준비할 때

한국 환경법은 전례 없는 도전과 시련에 직면하고 있다. 한국 환경법을 위협하는 삼각파도, '퍼펙트스톰'은 세 가지 방향에서 들이친다.

첫째는 기후변화로 인한 재앙, 즉 기후위기가 본격적으로 나타나기 시작했다는 것이다. 고농도 초미세먼지의 내습이나 태풍, 홍수, 대형산불은 물론 2020년 우리나라를 포함하여 전 세계를 강타한 코로나바이러스 팬데믹 역시 기후변화의 후과라고 보는 시각이 널리 공감대를 이루고 있다.

둘째는 코로나바이러스 팬데믹에 따른 국가적 위기 극복을 위한 대안으로 떠오른 '그린뉴딜'의 도전이다. 문재인 정부가 '한국판 뉴딜'의 일환으로 국책과제로 추진해온 그린뉴딜 문제는 우리나라가 화석연료 기반 경제로부터 탈피할 수 있는지를 묻고 있다.[1]

화석연료 기반 중화학공업 중심 경제발전정책을 줄기차게 추진해온 대한민국이 이제 임박한 좌초자산의 재정리스크를 감당할 수 있을지, 이에 대한 그린 뉴딜로의 대전환에 대한 사회적 합의는 있는지 난제 중 난제가 우리 앞에 다가와 있다. 코로나바이러스 팬데믹으로 인한 경제위기 극복을 위한 뉴딜정책으로서 추진되는 과정에서 '그린' 뉴딜보다는 '디지털' 뉴딜에 방점이 찍히는 상황에서 자칫 한국판 뉴딜이 일회적인 경제복구의 정책적 수사로 끝나고 말지 않을까 하는 우려도 고개를 든다. 아울러 그린 뉴딜을 지속적으로 추진할 정책적 지속가능성을 확보하는 문제, 그리고 이를 뒷받침할 법적 틀과 토대를 구축하는 과제가 우리의 어깨를 짓누르고 있다.

기후위기가 불러온 기후재앙만도 감당하기 어려운데 다른 한편에서는 기후규제의 파도가 거세게 몰려오고 있다.

2021년 7월 14일 문재인 대통령은 한국판 뉴딜 1년을 맞아 새롭게 보강한 '한국판 뉴딜 2.0'을 발표했다. 한국판 뉴딜 2.0 속 '그린 뉴딜 2.0'에 '2050 탄소중립'이라는 과제가 추가되었다. 공교롭게도 같은 날 EU는 2050년까지 탄소중립을 달성하겠다는 야심찬 목표하에 2030년까지 온실가스 순배출량을 1990년 대비 최소 55% 감축하겠다는 정책 패키지 'Fit for 55'를 발표하면서 탄소국경조정 메커니즘(EU Carbon Border Adjustment Mechanism, 이하 CBAM)을 공개했다. CBAM이란 EU가 탄소누출 방지를 명분으로 EU로 수입되는 제품의 탄소함유량에 EU ETS와 연계된 탄소가격을 부과하여 징수하는 제도로[2] 기후의제가 무역장벽의 형태로 구체화되는 대표적인 사례이다. 미국과 EU 등 우리나라의 무역상대국들이 속속 CBAM을 도입할 조짐을 보이면서 철강과 석유화학 등 분야에서 우리나라의 대 EU 수출에 부정적인 영향을 끼칠 것이라는 우려가 커지고 있다.

그러나 이 두 가지 못지않게 막중하고도 심각한 세 번째 파도는 한국 환경법이 그 사회적 요구와 기대에 제대로 부응하고 있느냐 하는 물음에서 비롯된 도전이다. 환경법의 존재이유를 좌우할 거역할 수 없는 사회적 요구는 한두 가지가 아니지만 그중 가장 중요한 것만 꼽아보더라도 '에너지전환', 바이오사이드 위협에 대한 대처, 환경법규제의 혁신, 그리고 환경피해구제의 한계 극복을 위한 실효적 처방 등 급박하고 어려운 과제들로 즐비하다. 이들 과제를 잘 풀어 나갈 수 있는지야말로 한국 환경법이 직면한 사활의 관건이라 하지 않을 수 없다.

모든 법은 '한시법'이다.

민법이나 형법처럼 어떤 특정적 정책목표를 담지 않고 일반적 규범기대에 따라 장기간에 걸쳐 안정적으로 존속하는 법규범들도 있고 헌법처럼 그 근간이 200여 년 넘은 오랜 역사적 배경, 즉 기본이념이나 법원리, 규범내용이 이미 200여 년 전의 법의식과 사회현실을 기반으로 만들어졌지만 오늘날에도 현행성을 발휘하는 경우도 있다. 하지만 현대법은 사회가 요구하는 정책문제의 해결을 위한 '정책'법이 대종을 이루고 있다.[3] 그런 배경에서 모든 법은 20년이 지나면 폐지하거나 개정을 고려해야 한다는 요청까지 드물지 않게 대두된다.

2021년 3월 16일 대한상공회의소가 20~50대 성인 1,200명을 대상으로 '21대 국회 입법방향에 대한 국민 인식'을 조사한 결과, 10명 중 9명(91.6%)이 현행 법체계의 문제점으로 '낡은 법제도'를 꼽았고, '입법영향평가 미흡하다'(87%), '옥상옥 과잉규제 많다'(80%)가 그 뒤를 이은 것으로 나타났다.[4]

환경법 또한 예외는 아니다. 환경문제 해결을 위하여 '동원' 또는 '처방'된 법이 환경법이라면 그 유통기간이 없을 수 없다. 지금 이 시점 지난 반세기 줄기차게 면면히 발전을 거듭해온 한국 환경법에 대한 전수조사(inventory)와 그 임무수행에 대한 재평가(performance review)를 해야 하는 이유는 무엇보다도 환경법이 각각의 분야에서 기대된 역할과 기능을 제대로 수행하고 있는지, 그 과정에서 혹 잘못된 전제나 변화하는 사회적 현실에 맞지 않는 논리와 처방으로 인한 기능부전을 앓고 있지는 않은지, 변화하는 현실에 적합하면서도 미래의 도전을 헤쳐 나갈 수 있는 규범적 토대로 작동할 수 있는지를 점검해볼 필요가 있다는 데 있다. 이를 위한 법제도적 기반, 법적 근거와 조직, 거버넌스를 구상해볼 필요가 있다.

한국 환경법의 실존적 자기성찰

우리는 완벽하거나 최종적인 해답을 가지고 있지 못하다. 또 그런 해답을 바랄 수 없을지도 모른다. 다만, 깨어 있는 시민이 참여하는 환경 정책·입법을 통해 과학·증거 기반 환경법을 향해 한 걸음 한 걸음 나아감으로써 환경과 생태계를 지속가능하게 보호하고 환경정의를 실현할 수 있기를 기대할 뿐이다.

한국 환경법의 성공과 실패를 따지는 것은 환경법의 존재이유와 책무에 비추어 그 실현 과정과 결과에 대한 냉철한 평가와 대안의 모색이라는 실존적 요구를 더 이상 미룰 수 없는 지경이 되었기 때문이다. 성숙한 민주주의를 위하여 환경법을 다시 근본적으로 성찰하고 재검토해보아야 할 시점이다.

성공을 가지려고 하는 만큼 실패도 가져라. 위기가 닥치거나 정책이 실패할 때면 늘 서로 '비난게임(blame game)'을 벌이거나 일어난 일에 대한 책임을 모면하려는 유혹에 빠지기 쉽다. 이런 현상은 어느 정도는 끊임없이 희생양을 찾는 정치 토론의 방식의 소산이기도 하다. 이런 부류의 게임을 벌일 유혹에서 자유롭다면 그것은 성숙한 민주주의(the hallmark of a mature democracy)의 징표일 것이다. 그리고 매우 어렵겠지만 우리가 정책 결정, 정책 실패, 그리고 정책 성공을 생각하는 방식을 바꿀 수 있을 것이다(Daddow, 2019: 3).

주

---

1 그린뉴딜에 관해서는 2020년 9월 20일 자 KBS 특별기획 〈그린, 대전환의 시대〉(http://onair.kbs.co.kr/index.html?source=episode&sname=vod& stype=vod&program_code=T2020- 1517&program_id=PS-2020156064-01-0 00&broadcast_complete_yn=null&local_station_code=00) 참조.

2 Carbon Border Adjustment Mechanism Fact sheet(European Commission, 2021.7.14.).

3 서원우 교수는 이를 "법과 정책의 융합, 법의 정책화현상의 진행이라고 하 는 현대국가에서의 불가항력적인 사태"라고 표현한 바 있다(서원우, 1985: 12~23, 19).

4 http://www.korcham.net/nCham/Service/Economy/appl/KcciReport Detail.asp?CHAM_CD=B001&SEQNO_C010 =20120933634.

참고문헌

강정혜. 2016. 「환경오염피해 구제와 환경분쟁조정위원회의 기능관계」. ≪환경법연구≫ 제38권 제1호, pp.1~21.

고길곤. 2012. 「경전철 사업의 사례를 통해 바라본 정책 실패에 대한 새로운 접근」. 한국정책지식센터 제608회 〈정책&지식〉 포럼.

고길곤. 2015. 「종합적 접근으로서의 정책 실패 사례연구: 경전철 사업 사례를 중심으로」. ≪행정논총≫ 53(1). 서울대학교 행정대학원. pp.129~163.

국회입법조사처·한국법제연구원 공동학술대회. 2020. 〈데이터기반 입법평가의 방법과 사례〉.

기획재정부. 2021. 「2020년도 부담금운용종합보고서」(2021.5.).

김도훈. 2003. 「학습조직과 시스템 사고를 중심으로 본 시화호 정책 실패의 원인과 교훈」. ≪한국정책학회보≫(한국정책학회) 제2권 제1호, pp.299~325.

김두얼. 2008. 「경제성장을 위한 사법적 기반의 모색(II): 소송장기화의 원인과 대책」 KDI 정책연구시리즈 2008-19.

김병기. 2013. 「저탄소녹색성장기본법의 문제점과 개선방안」. 한국법제연구원.

김성수. 1992. 「환경침해시설설치절차와 주민참여」. ≪고시계≫ 1992/9.

김성욱·이병량. 2010. 「녹색성장위원회의 조직기반에 대한 비판적 검토: 이론적 근거를 중심으로」. ≪한국조직학회보≫ 7(1), pp.119~150.

김연태. 2010. 「환경행정소송상 소송요건의 문제점과 한계: 원고적격과 대상적격을 중심으로」. 『환경법의 법리와 법정책』(서울대학교 환경에너지법센터 주최 제3차 학술포럼 발표논문집 2010.11.27.), pp.45~86.

김영평. 2012. 「정책 실패와 정책혁신 대위법의 관계인가 대체법의 관계인가」.

한국정책지식센터 제599회 〈정책&지식〉 포럼.

김유환. 1994. 「환경법규에 있어서의 규제실패와 법적 대응」. ≪환경법연구≫ 제16권.

김윤권. 2010. 「공공선택이론에 입각한 역대정부의 성공 및 실패사례 연구」. KIPA 연구보고서 2010-13.

김준. 2020. 「입법영향분석을 통한 더 좋은 법률 만들기」. 국회입법조사처 보고서.

김준. 2021. 「사후입법영향분석의 방법과 사례」. 국회입법조사처 특별보고서 (2021.12.31.).

김태호. 2021. 「기후변화 헌법소송의 논리: 독일 헌재 위헌결정 법리의 비교법적 함의를 중심으로」. ≪저스티스≫ 통권 제186호(2021.10.).

김현준. 2010. 「저탄소녹색성장기본법의 법적 성질 및 다른 법률과의 관계」. ≪공법연구≫ 제39집 제2호, pp.489~518.

김홍균. 2013. 「환경정책기본법상의 무과실책임 규정의 한계와 극복」. ≪사법≫ 제26호(2013.12).

김홍균. 2015. 「환경오염피해 배상책임 및 구제에 관한 법률의 평가와 향후 과제」. ≪환경법연구≫ 제37권 제2호, pp.141~175.

김홍균. 2016. 「환경오염시설 통합관리에 관한 법률의 평가와 과제」. ≪환경법연구≫ 제38권 제2호, pp.327~361.

노시평·박희서·박영미. 2006. 『정치학의 이해』. 비앤엠북스.

라영재. 2014. 「정책 실패, 누가 어떻게 책임질 것인가」. ≪월간참여사회≫ 2014.12.(https://www.peoplepower21.org/Magazine/1222439).

문상덕. 2009. 「녹색성장기본법에 대한 환경법적 검토」. ≪환경법연구≫ 제31권 제1호, pp.15~38.

민동기. 2009. 「수질배출부과금제도 개선 방안 연구」. ≪자원환경경제연구≫ (한국환경경제학회) vol.18, no.4, pp.767~785.

박균성·함태성. 2005. 『환경법』. 박영사.

박수혁. 1993. 『지구촌시대에 있어서의 우리나라의 환경법정책』. pp.294~296.

박순애·이지한. 2005. 「반복된 정책 실패 방사성폐기물처분장 입지정책의 재조명」. ≪환경정책≫ 제3권 제2호, pp.63~98.

박영도. 2007. 「입법평가의 이론과 실제」. 『현안분석 2007』(한국법제연구원 2007.9).

박창신. 2018. 「김포 사례를 통해 본 현행 환경오염피해 구제제도의 문제와 개선 방안」.

배병호. 2016. 「환경오염피해구제법 도입에 따른 배상책임성립과 배상범위에 대한 고찰」. ≪환경법연구≫ 제38권 1호, pp.57~88.

사득환. 2003. 「불확실성, 혼돈 그리고 환경정책: 시화호 매립사례를 중심으로」. ≪한국정책학회보≫ 제12권 제1호, pp.223~250.

서원우. 1985. 「현대행정법과 공공성문제」. ≪월간고시≫ 1985/8, pp.12~23.

송동수. 2009. 「종량제봉투의 불법유통 방지를 위한 폐기물관리법과 조례의 개선방안」. ≪환경법연구≫ 제31권 제2호(한국환경법학회), pp.291~318.

송하진·김영평. 2010. 『정책의 성공과 실패의 대위법: 성공한 정책과 실패한 정책은 어떻게 가려지나』. 나남출판(나남신서 1137).

신정철·구도일·가재환·정귀호. 1973. 「소송촉진에 관한 제도적 연구: 소송지연의 원인분석과 촉진을 위한 개선방안」(대법원 동향·연구보고서).

안경희. 2016. 「환경오염피해구제법상 손해배상책임의 발생과 제한」. ≪환경법연구≫ 제38권 제2호, pp.49~92.

안병철. 2002. 「의약분업정책변동과 정책 실패」. ≪한국행정학보≫ 제6권 제1호, pp.41~57.

안병철·강인호. 2008. 「정책 실패에 관한 연구경향 분석」. 한국정책과학학회 학술대회 발표논문집, pp.111~134.

안병철·이계만. 2009. 「정책 실패에 관한 연구경향 분석」. ≪한국정책과학학회보≫ 13(2), pp.1~19.

오경수. 2019. 「환경 관련 부담금 지급기준 및 재원 배분의 적정성」. 한국지방
　　세연구원 연구보고서 Vol. 73. JULY 2019.

오석락. 1991. 『환경소송의 제문제』. 일신사.

유영성·고재경. 2007. 「환경관련 부담금의 효율적 운영방안」(경기개발연구원).

유제원 외. 1995. 「환경규제권의 분권화 효과」. ≪한국행정학보≫ 제29권 제1
　　호(1995 봄), pp.3~21.

윤경준. 2012. 「'저탄소 녹색성장 정책' 다시 보기: 비판적 평가 및 전망」. ≪한
　　국정책학회보≫ 21(2), pp.33~59.

윤순진. 2009. 「저탄소 녹색성장의 이념적 기초와 실재」. ≪환경사회학연구≫
　　ECO 13(1), pp.219~266.

이상범·하지연. 2018. 「소규모환경영향평가제도 개선을 위한 기초연구: 도시개
　　발과 재생에너지개발을 중심으로」. 한국환경정책·평가연구원.

이상윤·주용준. 2016. 「환경영향평가에서 활용 가능한 주민참여 방법 기초 연
　　구」. 한국환경정책·평가연구원.

이유봉. 2016. 「환경규제상의 인센티브에 관한 연구」. 한국법제연구원 연구보고
　　2016-12(http://www.klri.re.kr/viewer/skin/doc.html?fn=rpt_75478528077
　　30548292_re2016-12.pdf&rs=/doc_convert/ FILE_000000000021271DlIqj).

이종현·김현주. 2019. 「김포시 환경오염 정밀조사 및 피해구제방안연구」(2019.
　　6.27. www.keiti.re.kr/site/keiti/ex/board/View.do?cbIdx=318&bcIdx=296
　　60).

이혜경. 2021. 「영국 「기후변화법」의 이행현황 및 국내적 시사점」. ≪외국입
　　법·정책분석≫ 1, pp.1~7.

임도빈·고길곤·구민교·권혁주·변창흠·엄석진·이수영·이종수·이혁우·조선
　　일·하연섭. 2015. 「실패한 정책들: 정책학습의 관점에서」. 서울대학교 행정
　　대학원 한국정책지식센터.

장욱. 2011. 「녹색성장위원회의 조직 및 운영에 관한 공법적 고찰」. ≪환경법연

구≫ 제33권 1호, pp.199~224.

전병성. 1992. 「우리나라 환경법의 발전과 환경정책기본법의 제정」. ≪환경법연구≫ 제14권.

전병성. 1992. 「환경오염피해분쟁조정법」. ≪사법행정≫ 92/2.

정광호. 2004. 「교육정책의 실패요인 분석」. 한국행정학회 추계학술대회논문집. pp.29~54.

정광호·서재호·홍준형. 2007. 「쓰레기종량제 정책효과 실증분석」. ≪한국행정학보≫ 제41권 제1호(2007 봄), pp.175~201.

정남철. 2015. 「새로운 環境責任法制의 導入과 被害救濟節次의 問題點: 특히 「환경오염피해 배상책임 및 구제에 관한 법률」의 내용과 문제점을 중심으로」. ≪환경법연구≫ 제37권 제2호, pp.249~274.

정용덕. 1983. 「한국의 정부규제 실태와 과제」. 『정부규제완화 방향과 미국경제전망』. pp.38~40.

정준화. 2020. 「데이터 기반의 사후적 입법영향분석의 방법」. 국회입법조사처·한국법제연구원 공동학술대회. 데이터기반 입법평가의 방법과 사례 제2주제.

정호영. 2004. 「입법평가를 위한 법경제학적 접근방식에 관한 연구」. 중앙대학교박사학위논문.

제러미 리프킨. 2020. 『글로벌 그린 뉴딜 2028년 화석연료 문명의 종말: 그리고 지구 생명체를 구하기 위한 대담한 경제 계획』. 안진환 옮김. 민음사.

조공장·주용준. 2015. 「환경영향평가 설명회·공청회 운영현황 분석」. 한국환경정책·평가연구원.

조명래. 2013. 「개발국가의 환경정의: 한국적 환경정의론의 모색」. ≪환경법연구≫ 제35권 제3호, pp.69~111.

조홍식. 2006. 「대안적 분쟁해결제도(ADR)의 경제학: 환경분쟁조정제도에 대한 평가를 중심으로」. ≪비교사법≫ 13(1), pp.85~159.

조홍식. 2008. 「우리나라 기후변화대책법의 선상」. ≪환경법연구≫ 제30권 제2

호, pp.311~338.

중앙환경분쟁조정위원회. 2010. 『2009 환경분쟁조정사례집』(제18집).

지구환경기획단. 1992. 「21세기 지구환경실천요령: 리우지구환경회의 문서(영
문본)」.

차경훈. 2018. 「환경오염피해구제제도 개선 및 발전방안 마련」. 한국환경산업
기술원 연구용역보고서.

채원호·손호중. 2005. 「정책 실패와 신뢰」. ≪한국행정논집≫ 17(1), pp.103~129.

최광. 1992. 「환경오염과 국민경제」. 『생태계 위기와 한국의 환경문제』.

최병선. 1992. 『정부규제론』. 법문사.

최선미·홍준형. 2014. 「민간투자사업 실패요인에 관한 연구」. ≪한국거버넌스
학회보≫ 제21권 제2호(2014년 8월).

최연홍·최길수. 2001. 「한국 정책 실패의 원인규명에 관한 연구」. 한국연구재단
1999년 협동연구.

최영규. 1993. 「영업규제의 법제와 그 수단에 관한 연구: 규제행정론적 관점에
서」. 서울대학교박사학위논문.

하혜영. 2009. 「환경분쟁에서 조정성립의 결정요인에 관한 연구: 조성성립 요인
의 판별과 예측을 중심으로」. ≪한국행정학보≫ 43(4), pp.335~357.

하혜영. 2011. 「환경분쟁조정의 실효성 분석: 재정결정 불복사건의 법원 제소를
중심으로」. ≪한국행정학보≫ 제45권 제1호(2011 봄), pp.77~99.

한국산업관계연구원·환경부. 2005. 「쓰레기종량제 시행 10년 평가 및 종량제
봉투가격의 현실화 방안 마련 연구」(2005.10).

한국환경정책학회. 2018. 「환경정책 이행 성과 제고 방안 연구」(2018.01).

한동효. 2012. 「역대정부의 자치경찰제 도입 실패요인에 관한 연구」. ≪지방정
부연구≫ 16(2), pp.175~199.

한동효. 2012. 「자치경찰제의 정책 어그러짐과 정책 실패 요인에 관한 연구」.
한국지방정부학회 학술대회자료집. pp.113~142.

한상운. 2013. 「환경책임과 환경보험: 환경피해구제법(2013.7.30. 국회발의)을 중심으로」. ≪사법≫ 제26호(2013.12).

한상운. 2019. 「기후정의 실현을 위한 정책 개선방안 연구(I)」. KEI.

한지형. 2016. 「환경오염피해소송에서의 인과관계 판단: 관련 판례의 분석 및 환경오염피해구제법 시행에 따른 전망을 중심으로」. ≪환경법연구≫ 제38권 제1호, pp.135~167.

함태성. 2009. 「'녹색성장'과 '지속가능발전'의 관계정립에 관한 법적 고찰: 저탄소녹색성장기본법(안) 제정에 관한 법적 논쟁과 관련하여」. ≪환경법연구≫ 제31권 제1호, pp.355~376.

허혁·최선미. 2018. 「정책 실패의 반복과 관성에 관한 연구: 양양국제공항 사례를 중심으로」. ≪한국콘텐츠학회논문지≫ 제18권 제12호(2018.12). pp.456~467.

홍보람. 2019.12. 「다중흐름모형과 정책옹호연합모형 적용을 통한 환경오염피해구제법 도입과정 분석」. ≪입법과 정책≫(국회입법조사처) 제11권 제3호, pp.309~331.

홍욱희. 2008. 『위기의 환경주의 오류의 환경정책』. 지성사.

홍준형 편. 2008. 『공공갈등의 관리, 과제와 해법』. 법문사.

홍준형. 1994. 「환경분쟁해결절차의 문제점과 대안」. ≪환경과 생명≫ 1994년 가을, pp.76~87.

홍준형. 1995. 「중앙정부와 지방자치단체 간 환경정책의 조율을 위한 법제정비의 방향과 과제」. ≪환경법연구≫ 제17권.

홍준형. 2005. 『환경법』. 박영사.

홍준형. 2006. 「입법평가법제화방안에 관한 연구」. LECG Korea.

홍준형. 2008. 『법정책의 이론과 실제』. 법문사.

홍준형. 2010. 「환경갈등과 조정: 쟁점과 대안」. ≪환경법연구≫ 제32권 제3호, pp.385~416.

홍준형. 2010. 『행정과정의 법적 통제』. 서울대학교 출판문화원.

홍준형. 2017. 『행정법』. 법문사.

홍준형. 2017. 『환경법특강』. 박영사.

홍준형. 2018. 『한국행정법의 쟁점』. 서울대학교출판문화원.

홍준형. 2020. 『상징입법: 겉과 속이 다른 입법의 정체』. 한울아카데미.

홍준형. 2021. 『시민을 위한 행정법입문』. 박영사.

홍천룡. 1992. 「환경오염피해의 구제」. ≪환경법연구≫ 제14집.

환경부. 1996. 「쓰레기종량제 시행 1년의 실적분석평가」.

환경부. 2000~2020. 『환경백서』.

환경부. 2005. 『쓰레기종량제 시행 10년 평가 및 종량제 봉투가격의 현실화 방안 마련 연구』.

환경부. 2022. 『쓰레기 종량제 현황(2020년도 기준)』.

환경부. 2022. 「2022년 주요업무 추진계획」(2022.1.: https://www.korea.kr/news/pressReleaseView.do?newsId=156491025).

환경부·한국환경공단. 2011. 「2010년 쓰레기종량제 연보」.

吉田克己. 1979. 『環境基準: 公害總點檢と環境問題の行方』. ジュリスト 增刊 總合特輯.

木佐茂男·古城誠. 1995. 『環境行政判例の綜合的研究』. 北海道大學圖書刊行會.

北村喜宣. 1992. 『環境基準: 行政法の爭点』(新版). ジュリスト 增刊.

山村恒年. 1997. 『環境法入門』. 昭和堂.

小高 剛. 1992. 『行政法各論』. 有斐閣.

松村弓彦. 1999. 『環境法』. 成文堂.

阿部泰隆·談路剛久編. 1995. 『環境法』. 有斐閣.

原田尙彦. 1977. 『環境權と裁判』. 弘文堂.

原田尙彦. 1981. 『環境法』. 弘文堂.

Bartlett, Albert A. 1994. "Reflections on Sustainability, Population Growth and the Environment". *Population and Environment: A Journal of Interdisciplinary Studies* 16(1), pp.5~35.

Begley, Philip/Bochel, Catherine/Bochel, Hugh/Defty, Andrew/Gordon, Jan/ Hinkkainen, Kaisa/Kisby, Ben/McKay, Steve/Strange, Gerard. 2019. "Assessing policy success and failure: targets, aims and processes". *Policy Studies*, 40: 2, pp.188~204, DOI: 10.1080/01442872.2018.1557134.

Bender/Sparwasser. 1990. Umweltrecht, 2.Aufl. C.F.Müller.

Bender/Sparwasser/Engel. 1995. Umweltrecht. Grundzüge des öffentlichen Umweltschutzrechts. 3.Aufl. C.F.Müller.

BMU. 2015. "Veröffentlicht auf Umwelt im Unterricht: Materialien und Service füur Lehrkräafte". BMU-Bildungsservice (http://www.umwelt-im-unterricht.de) 08.01.2015.

Bovens, M. and 't Hart, P. 1996. *Understanding Policy Fiascoes*. New Brunswick NJ.

Bodenheimer, E. 1981. *Jurisprudence*. The Philosophy and Method of the Law, Harvard University Press.

Mark Bovens, Paul 't Hart and B. Guy Peters(ed.). *Success and Failure in Public Governance, A Comparative Analysis*. New Horizons in Public Policy series.

Bovens, M., P. 't Hart, and S. Kuipers. 2006. *The Politics of Policy Evaluation*. In The Oxford Handbook of Public Policy, ed. by M. Moran, M. Rein, and R. Goodin, pp.319~335. Oxford: Oxford University Press.

Bovens, M., P. 't Hart, and G. Peters. 2001. *Success and Failure in Public Governance: A Comparative Analysis*. Cheltenham: Edward Elgar Publishing.

Bovens, M., P. 't Hart. 2016. "Revisiting the study of policy failures". *Journal of European Public Policy.* Vol. 23, No. 5, pp.653~666: http://dx.doi.org/10.1080/13501763.2015.1127273.

Breuer, R. 1992. *Umweltschutzrecht.* in: I.v.Münch(hrsg). Besonderes Verwaltungsrecht. 9.Aufl..

Breyer, Stephen. 1982. *Regulation and its Reform.* Harvard University Press.

Susan Callery and Daniel Bailey. 2020. "NASA: Climate Change and Global Warming". Oct. 29, 2020.

Cantrill, J. G., & Oravec, C. L. 1996. *The symbolic earth: Discourse and our creation of the environment.* Lexington, Ky: University Press of Kentucky.

Daddow, Oliver. 2019. "Policy Success and Failure: Embedding Effective Learning in Government". Published: February 2019. Publication from the Bennett Institute for Public Policy, Cambridge(www.bennettinstitute.cam.ac.uk).

DeWitt, John. 1994. *Civic Environmentalism, Alternatives to Regulation in States and Communities.* CQ Press.

Dolšak, Nives & Ostrom, Elinor(ed.). 2003. *The Commons in the New Millennium.* MIT Press.

ECPR(The European Consortium For Political Research). 2018. "Understanding Success in Government". WS30(Workshop directors: Stefanie Beyens and Allan McConnell: https://ecpr.eu/Events/Event/PanelDetails/6844).

Favre, Brian. 2020. "Is there a need for a new, an ecological, understanding of legal animal rights?". *Journal of Human Rights and the Environment,* Vol.11 No.2, September 2020, pp.297~319.

FitzGerald, Cathal/O'Malley, Eoin/Broin, Deiric Ó. 2019. "Policy success/policy failure: A framework for understanding policy choices". May 2019

Administration 67(2): pp.1~24(DOI: 10.2478/admin-2019-0011).

Goderis, B.(ed.). 2015. Public Sector Achievement in 36 Countries. A Comparative Assessment of Inputs, Outputs and Outcomes.

Gore, Tony. 2011. "Understanding Policy Success: rethinking public policy"(Allan McConnell Basingstoke: Palgrave-Macmillan, 2010, 265pp). *People, Place & Policy Online*, 5/1, pp.46~49.

Christoph Grimm. 2000. *Gesetzesfolgenabschätzung: Möglichkeiten und Grenzen aus der Sicht des Parlaments*. ZRP.

Hansjürgens, B./Lübbe-Wolff, G.(Hrsg.). 2000. *Symbolische Umweltpolitik*, Frankfurt a. M.: pp.217~238.

Harrison and Sundstrom. 2010. *Global Commons, Domestic Decisions: The Comparative Politics of Climate Change*. The MIT Press.

Selin, Henrik and VanDeveer, Stacy D. 2015. *European Union and Environmental Governance*. New York: Routledge.

Hauf/Müller(Hrsg). 1985. *Umweltpolitik am Scheideweg*. C.H.Beck.

Hong, Joon Hyung. 1997. *Die Umweltproblematik und der Stand der Umweltgesetzgebung in Korea*. Vortrag an der Tagung von KAS "Die Umweltproblematik in Ostasien".

Howlett M, Ramesh M and Perl A. 2009. *Studying Public Policy: Policy Cycles & Policy Subsystems*. Canada: Oxford University Press.

Howlett, Michael. 2012. "The lessons of failure: Learning and blame avoidance in public policy-making". *International Political Science Review*, 33(5), pp.539~555(Article in International Political Science Review·November 2012 DOI: 10.1177/019251211245 3603).

Howlett, Michael/Ramesh, M/Wu, Xun. 2015. "Understanding the persistence of policy failures: The role of politics, governance and uncertainty". *Public Policy and Administration 2015*, Vol. 30(3~4) pp.209~220.

Hucke, J. 1983. *Regulative Politik, Das Beispiel Umweltschutz*, in: Abschied vom Recht ?.

Intergovernmental Panel on Climate Change, IPCC Special Report on Climate Change and Land, https://www.ipcc.ch. 2019.

Kimmnich/von Lersner/Storm. 1994. Handwörterbuch des Umweltrechts (HdUR), Bd.II, 2.Aufl..

Kraft, Michael E., 2018. *Environmental policy and politics*. Seventh edition. New York. Routledge.

Kraft, Michael E. & Vig, Norman. J. 1994. "Environmental Policy From the 1970s to the 1990s: Continuity and Change". in: Environmental Policy in the 1990s, Toward a New Agenda(CQ Press) pp.3~29.

Jänicke, M./Kunig, P./Stitzel, M. 1999. *Umweltpolitik*. Dietz.

Laitos, Jan G. 2021. *Rethinking Environmental Law - Why Environmental Laws Should Conform to the Laws of Nature*. Rethinking Law series. Edward Elgar Publishing Limited.

Lal, Rattan et al. *Soil Carbon Sequestration Impacts on Global Climate Change and Food Security*(Science 304: pp.1623~1627. 2004. 7).

Lambert, Thomas/Boerner, Christopher. 1997. "Environmental Inequity: Economic Crisis, Economic Solutions". *Yale Journal on Regulation*, Vol.14, No.1, Winter 1997, pp.195~234.

Lasswell and McDougal. 1943. *Legal Education and Public Policy*, 52 Yale L.J..

Lazarus, Richard J. 1993. "Pursuing 'Environmental Justice': The Distributional Effects of Environmental Protection". *Northwestern University Law Review* Vol. 87, No.3., pp.787~791.

Light, P. C. 2014. A Cascade of Failures: Why Government Fails, and How to Stop It. Center for Effective Public Management. Washington, DC: Brookings Institution.

Marsh, David/McConnell, Allan. 2009. "Towards A Framework For Establishing Policy Success". *Public Administration* Vol. 88, No. 2, 2010. pp.564~583. Blackwell Publishing(doi: 10.1111/j.1467-9299.2009.01803.x).

Mazmanian, Daniel A./Kraft, Michael E. 2009. *Toward Sustainable Communities: Transition and Transformations in Environmental Policy.* MIT Press.

McConnell, Allan/Grealy, Liam & Lea, Tess. 2020. "Policy success for whom? A framework for analysis". *Policy Sciences* vol. 53(Published: 23 September 2020). pp.589~608.

McConnell, A. 2010a. "Policy Success, Failure, and the Grey Areas In-between". *Journal of Public Policy*, 30(3), pp.345~362. Cambridge University Press(doi: 10.1017/S0143814X10000152).

McConnell, A. 2010b. *Understanding Policy Success: Rethinking Public Policy.* Basingstoke: Palgrave Macmillan.

McConnell, A. 2017. *Policy Success and Failure. Oxford Research Encyclopedia of Politics.* Published online: 24 May 2017. Retrieved 22 Aug. 2021, from https://oxfordre.com/politics/view/10.1093/acrefore/9780190 228637.001.0001/acrefore-9780190228637-e-137.

McDougal, S. Myres. 1956. *Law as a Process of Decision: A Policy-Oriented Approach to Legal Study.* 1 Nat.L.For..

Merton, Robert K. 1968. *Social Theory And Social Structure.* The Free Press.

Newig, Jens. 2003. Symbolische Umweltgesetzgebung - Rechtssoziologische Untersuchungen am Beispiel des Ozongesetzes, des Kreislaufwirtschafts- und

Abfallgesetzes sowie der Gro β feuerungsanlagenverordnung. Schriftenreihe zur Rechtssoziologie und Rechtstatsachenforschung (RR), Band 84.

Newig, Jens. 2010. *Symbolische Gesetzgebung zwischen Machtausübung und gesellschaftlicher Selbsttäuschung*, in: Michelle Cottier, Josef Estermann, Michael Wrase (Hrsg.) Wie wirkt Recht?, pp.301~322(Ausgewählte Beiträge zum ersten gemeinsamen Kongress der deutschsprachigen Rechtssoziologie-Vereinigung 1. Auflage 2010) Reihe: Recht und Gesellschaft - Law and Society, Bd. 1 nomos Verlag.

OECD. 2009. Ensuring Environmental Compliance: Trends and Good Practices.

OECD. 2004. Economic Aspects of Environmental Compliance Assurance.

OECD. 1989. Economic Instruments for Environmental Protection. Paris.

OECD. 2017. Environmental Performance Reviews - Korea 2017(https://www.oecd- ilibrary.org/sites/9789264268265-en/index.html?itemId=/content/publication/9789264268265-en).

Ogus, A. 1982. *The Regulation of Pollution*, in: Policing Pollution, A Study of Regulation and Enforcement. Clarendon Press, Oxford.

O'Leary, Rosemary. 1993. "The Progressive Ratcheting of Environmental Laws: Impact on Public Management". *Policy Studies Review* Autumn/Winter 1993, 12:3/4, pp.118~136.

O'Leary, Rosemary. 1993. Emergency Planning: Local Government and the Community Right-to-Know Act. ICMA.

O'Leary, R. & Raines, S. 2001. "Lessons Learned from Two Decades of Alternative Dispute Resolution Programs and Process at the U. S. Environmental Protection Agency". *Public Administration Review*, 61(6): pp.682~692.

Panayotou, T. 1990. *The Economics of Environmental Degradation: Pro blems, Causes and Responses*. Development Discussion Paper No.335. A CAER Project Report. Harvard Institute for International Development. Cambridge. MA: Harvard University.

Percival, R./Schroeder, C./Miller, Alan and Leape, J. Environmental Regulation: Law, Science, and Policy I (8th ed. 2018).

Pernthaler/Weber/Wimmer. 1992. Umweltpolitik durch Recht - Möglichkeiten und Grenzen, Rechtliches Strategien zur Umsetzung des Umweltmanifests. Manzsche Verlags- und Universitätsbuchhandlung. Wien.

Pohl. 1996. Instrumente des Umweltrechts, in: Himmelmann/Pohl/ Tünnesen-Harmes, Handbuch des Umweltrechts. 1996. C.H.Beck.

Prümm, H. P. 1989. Umweltschutzrecht.

Rose, Carol M. 1994. "Given-ness and Gift: Property and the Quest for the environmental ethics". *Environmental Law* Vol.24:1, pp.1~31.

Roßnagel, A./Neuser, U.(Hrsg.). 1996. Reformperspektiven im Umweltrecht. Nomos-Verlagsgesellschaft. Baden-Baden.

Sabatier, P./Mazmanian, D. 1979. "The conditions of effective implementation: A guide to accomplishing policy objectives". *Policy analysis*, Vol.5, No.4, pp.481~504.

Schuck, P. H. 2014. *Why Government Fails So Often: And How It Can Do Better*. Princeton: Princeton University Press.

Shergold, P. 2015. *Learning from Failure: Why Large Government Policy Initiatives Have Gone So Badly Wrong in the Past and How the Chances of Success in the Future Can be Improved.* Retrieved from http://www. apsc.gov.au/publications-and-media/current-publications/ learning-from-failure.

Shrader-Frechette, Kristin. 2002. *Environmental Justice, Creating Equality, Reclaiming Democracy*. Oxford.

Simmons, Daisy. 2020. *What is 'climate justice'?* July 29, 2020 (https://yaleclimateconnections.org/2020/07/what-is-climate-justice/).

Street, Catherine/Smith, James/Robertson, Kim/Guenther, John/Motlap, Shane/Ludwig, Wendy/Woodroffe, Tracy/Gillan, Kevin/Ober, Robyn/Larkin, Steve/Shannon, Valda & Hill, Gabrielle. 2020. "Exploring definitions of success in Northern Territory Indigenous higher education policy". *Journal of Educational Administration and History*, DOI: 10.1080/00220620.2020.1719391.

Schmehl, Arndt. 1991. "Symbolische Gesetzgebung". *Zeitschrift für Rechtspolitik* 24. Jahrg., H. 7 (Juli 1991), pp. 251~253(https://www.jstor.org/stable/23422424).

Simmons, Daisy. 2020. What is 'climate justice'? It begins with the idea that the adverse impacts of a warming climate are not felt equitably among people. July 29, 2020(https://yaleclimateconnections.org/2020/07/what-is-climate-justice/).

Smith, J. C. 1984. *The Process of Adjudication and Regulation, a Comparison*, in: Rights and Regulation, ed. by Tibor R. Machan and M. Bruce Johnson, Cambridge, Mass. Rights and Regulation.

Sparks, Tom/Kurki, Visa/Stucki, Saskia. 2020. "Animal rights: interconnections with human rights and the environment: Editorial". *Journal of Human Rights and the Environment*, Vol. 11 No. 2, September 2020, pp.149~155.

Stavins, Robert N. 1998. "The Choice of Regulatory Instruments in Environmental Policy". *Harvard Environmental Law Review*, volume 22. number

2, pp.313~367, With N. Keohane and R. Revesz. Reprinted in Land Use and Environmental Law Review. vol. 30. September 1999.

Stone, Christopher D. 1974. Should Tree Have Standing?: Toward Legal Rights for Natural Objects. Portola Valley. CA: Tioga Publishing Company.

Sunstein, Cass R. 1990. After the Rights Revolution - Reconceiving the Regulatory State -.

Vig, Norman J. & Kraft, Michael E.(ed.). 2000. *Environmental Policy.* 4.ed. CQ Press.

Young, Paul J./Harper, Anna B./Huntingford, Chris/Paul, Nigel D./Morgen stern, Olaf/Newman, Paul A./Oman, Luke D./Madronich, Sasha & Garcia, Rolando R. 2021. *The Montreal Protocol protects the terrestrial carbon sink*, in Nature volume 596, pp.384~388, 18 August 2021(https://www. nature.com/articles/s41586-021-03737-3).

World Commission on Environment and Development. 1987. *Our Common Future.* Oxford. UK: Oxford University Press

찾아보기

지은이 소개

홍준형(洪準亨)

현재 서울대학교 행정대학원 교수

서울대학교 법과대학 및 대학원 법학과 졸업

독일 괴팅겐대학교 법학박사(Dr.iur.)

서울대학교 국가전략위원회 위원장(2019~2021)

행정안전부 주민등록번호변경위원회 위원장(2017~2021)

정보보호산업분쟁조정위원회 위원장(2016~현재)

문화재위원회 위원 역임(2017~2019)

베를린자유대 한국학과 초빙교수·한국학연구소장 역임(2001~2003)

한국학술단체총연합회이사장/한국공법학회/한국환경법학회 회장 역임

개인정보분쟁조정위원회 위원장/중앙환경분쟁조정위원회 위원/환경정의

정책기획위원장 역임

※ 주요저서

『시민을 위한 환경법입문』(2021), 『환경정책론』(공저, 2022), 『시민을 위한 행정법입문』(2021), 『지방자치법』(2022), 『공기업법』(2021), 『상징입법, 겉과 속이 다른 입법의 정체』(2020), 『한국의 행정과 법: 법치의 시련과 과제』(2020), 『한국행정법의 쟁점』(2018), 『행정쟁송법』(2017), 『행정법』(2017), 『환경법특강』(2017), 『행정구제법』(2012), 『법정책의 이론과 실제』(2008), 『공공갈등의 관리, 과제와 해법』(공저, 2008), 『환경법』(2005), *Die Klage zur Durchsetzung von Vornahmepflichten der Verwaltung*(1992).

역서 『마르크스주의와 법』(1995)

한울아카데미 2356

환경법의 성공과 실패

ⓒ 홍준형 2022

지은이   홍준형
펴낸이   김종수
펴낸곳   한울엠플러스(주)

초판1쇄 인쇄   2022년 2월 10일
초판1쇄 발행   2022년 2월 20일

주소   10881 경기도 파주시 광인사길 153 한울시소빌딩 3층
전화   031-955-0655
팩스   031-955-0656
홈페이지   www.hanulmplus.kr
등록번호   제406-2015-000143호

Printed in Korea.
ISBN 978-89-460-7356-2 93360 (양장)
      978-89-460-8160-4 93360 (무선)
※ 책값은 겉표지에 표시되어 있습니다.
※ 무선제본 책을 교재로 사용하시려면 본사로 연락해 주시기 바랍니다.